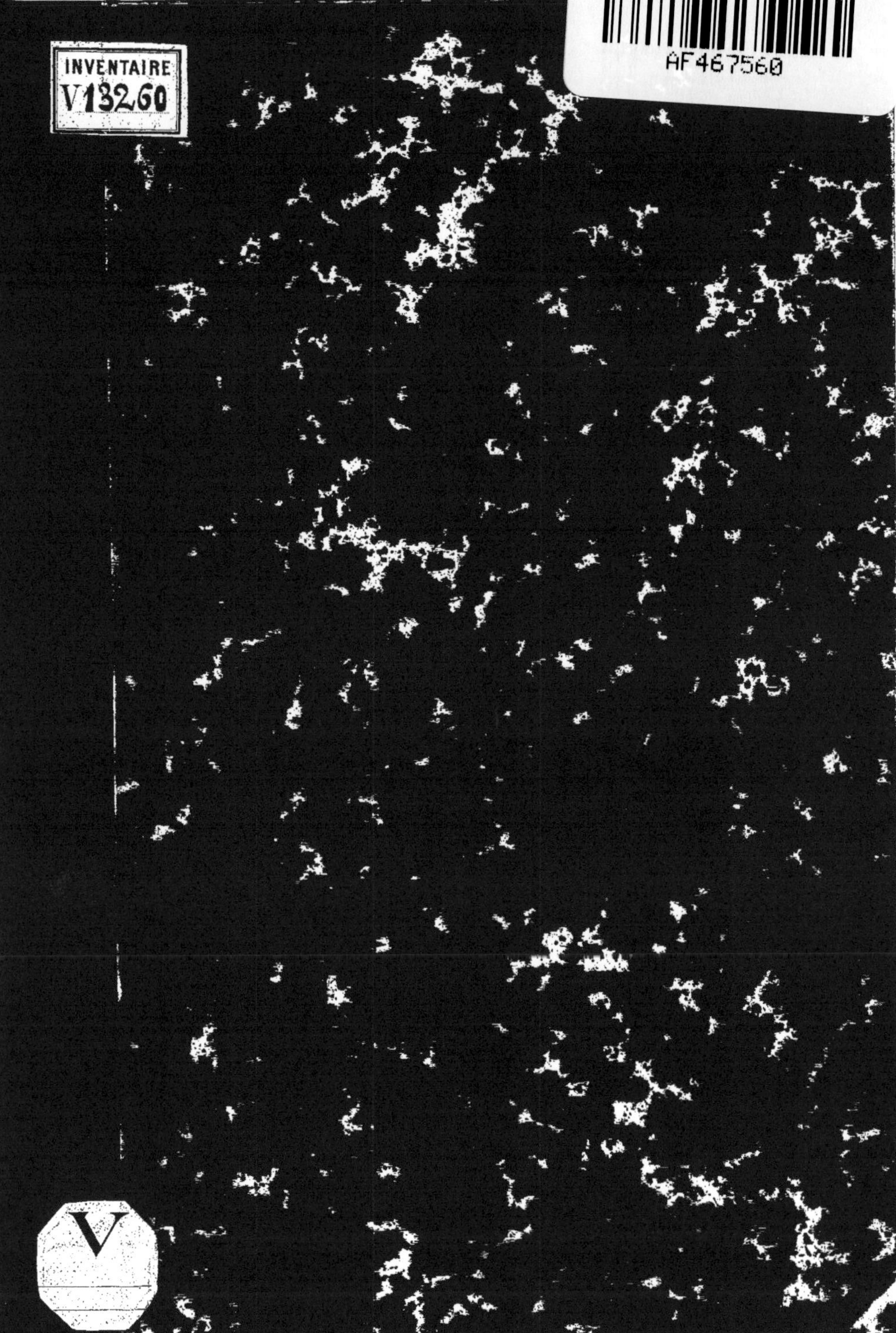

DE

L'UNION DOUANIÈRE

ENTRE

LA FRANCE ET LA BELGIQUE.

Chambre de Commerce de Bordeaux.

DE

L'UNION DOUANIÈRE

AVEC LA BELGIQUE

ET DU

RENOUVELLEMENT DE LA CONVENTION

Du 16 Juillet 1842.

IMPR. DE SUWERINCK, RUE Ste-CATHERINE,
Bazar Bordelais.

1845.
1846

INTRODUCTION.

Les réponses nombreuses faites aux deux précédents Mémoires publiés par la Chambre de Commerce de Bordeaux, sur les avantages que présente l'Union Douanière entre la France et la Belgique, nous avaient décidés, depuis long-temps, à examiner de nouveau cette question, et à réfuter, encore une fois, les objections opposées à cette mesure si utile et si véritablement nationale.

Diverses circonstances ont arrêté la publication de ce travail, et il n'était point encore achevé, au moment où les négociations pour le renouvellement de la convention du 16 juillet 1842, ont été reprises. — Cet évènement ayant donné un caractère d'urgence à la défense des intérêts Bordelais, nous avons dû nous hâter autant que possible de mettre sous presse le présent Mémoire, et, dans ce but, nous avons renoncé à lui donner tout le développement qu'il devait d'abord avoir.

En appuyant la grande mesure d'un traité de commerce avec la Belgique, nous ne nous présentons pas seuls, comme on l'a prétendu ; les plus honorables sympathies ont accueilli nos efforts, et les Chambres de Commerce des villes les plus éclairées et les plus populeuses de France se sont prononcées dans le même sens que nous : Paris (*), Lyon, Marseille, Bordeaux, les quatre premières villes de France, font cause commune dans cette question ; elles sont secondées par un grand nombre d'autres villes du premier rang, telles que Toulouse, Nîmes, Montpellier, Metz, Rheims, Arras, etc., etc.

Cet appui, donné à la cause d'une sage liberté commerciale, doit porter ses fruits. — Il est impossible qu'en présence de cet accord des négociants les plus éclairés de France, le Gouvernement du Roi ne demeure point persuadé que le bon droit et l'intérêt du pays sont défendus par les partisans du libre Commerce, et non par les industriels protégés qui voient la richesse de la France dans les seuls bénéfices de leurs entreprises, et qui ne regardent comme un *travail national* que celui de leurs ouvriers.

(*) La Chambre de Commerce de Paris et celle de Rheims se sont prononcées pour le renouvellement de la convention du 16 juillet 1842, depuis que notre travail a été mis sous presse.

(3e **PUBLICATION**).

DE
L'UNION DOUANIÈRE
ENTRE
LA FRANCE ET LA BELGIQUE.

---

§ Ier.

Des adhésions obtenues par le projet d'Union Douanière entre la France et la Belgique.

Les adversaires du projet d'Union Douanière avec la Belgique, paraissent surtout avoir à cœur de bien établir que la Chambre de Commerce de Bordeaux est seule à réclamer en faveur de cette grande mesure, et que ses demandes isolées sont demeurées sans écho dans la France entière.

« La Chambre de Commerce de Bordeaux, disent-ils, ne se con-
» tente pas de défendre la cause qu'elle a embrassée *avec un zèle*
» *resté sans imitateurs, même dans les ports de mer* : elle attaque
» les principales industries de la France, et prétend imposer à tous

» les intérêts, sa manière de voir exclusive. A ceux-ci, elle déclare » que leurs appréhensions n'ont aucun fondement, et que l'Union » Belge, qu'ils s'obstinent à regarder comme une combinaison mal- » heureuse, n'aurait pour eux que des avantages; quant à ceux-là, » elle avoue bien qu'ils pourront en souffrir quelque peu, mais » elle ajoute que ces souffrances isolées et partielles ne sauraient » être dignes de considération, quand on les compare aux bienfaits » de toutes sortes qui découleraient de l'Association Douanière » dont elle poursuit la réalisation.

« Les industries mises en cause ne peuvent accepter la position » qu'on cherche à leur faire. Le comité central, institué pour veiller » à tout ce qui les intéresse, doit répondre en leur nom. Il doit » montrer que *la Chambre de Commerce de Bordeaux, dans son* » *engoûment solitaire, méconnaît les faits aussi bien que les prin-* » *cipes, tranche des questions qu'elle n'a pas suffisamment étudiées,* » *bâtit les hypothèses d'après lesquelles elle raisonne, non sur le ter-* » *rain de la pratique et de l'expérience, mais sur les données mou-* » *vantes que crée à plaisir l'imagination!* (1).

« Qu'on ne le perde pas de vue, Bordeaux est seul à poursuivre » cette chimère de l'Union. — Dans son zèle *posthume*, il ne s'aper- » çoit pas qu'il est abandonné par ceux-là mêmes dont il se fait le » champion, et que les ports de mer marchent aujourd'hui à l'a- » vant-garde de l'opposition que cette question a suscitée. » (2).

Nous avons reproduit textuellement les assertions des adversaires

(1) *Comité central pour la défense du travail national. — Réponse à la Chambre de Commerce de Bordeaux.* — Janvier 1844, pag. 4. — Paris, chez L. Mathias (Augustin), à la librairie Industrielle et Scientifique, quai Malaquais, 15. — Renard, à la librairie du Commerce, rue Ste-Anne, 71.

(2) *Ibid.*, pag. 90.

les plus énergiques de l'Union Douanière; comme on le voit, ils paraissent attacher un grand prix à constater que la Chambre de Commerce de Bordeaux est seule à réclamer l'Union Douanière avec la Belgique, et que la cause qu'elle défend ne rencontre de sympathie, ni dans les villes manufacturières, ni même dans les ports de mer.

Les faits donnent un démenti formel à ces assertions. — La cause de la liberté commerciale que la Chambre de Commerce de Bordeaux défend, sans se lasser, depuis plus de quarante années, fait chaque jour de nouveaux progrès dans les esprits. Elle a aujourd'hui ses organes officiels, et l'étude sérieuse des questions économiques doit, tôt ou tard, amener son triomphe, qui sera celui du bon droit et de la vérité.

Cependant, puisque nos contradicteurs ont révoqué en doute ce qui a été dit par nous, à cet égard, dans notre seconde publication (1), nous allons démontrer la réalité de ce que nous avons avancé sur ce point.

Nous avons dit que nous étions soutenus, dans nos demandes, par les Chambres de Commerce de plusieurs ports de mer et de plusieurs villes manufacturières; en voici les preuves irrécusables :

La Chambre de Commerce de Marseille, qui représente le port le plus important de la France, par l'étendue de ses affaires et son revenu douanier, a fait cause commune avec nous. Dans son mémoire en date du 13 juillet 1842, cette chambre résume ainsi son opinion sur ce point :

« *En résumé :* Considérant que la France trouvera dans l'U-

(1) *De l'Union Douanière entre la France et la Belgique.* — Bordeaux, 1843, pag. 165.

» nion Douanière, un bénéfice provenant du débouché ouvert aux » produits de ses départements méridionaux, produits sans équi- » valent en Belgique;

» Considérant que les industries similaires des deux pays sont » réciproquement dans des conditions convenables, ainsi que le » fait résulte des relevés officiels de nos exportations;

» Considérant que, s'il existe actuellement quelques avantages » de positions, ils cesseront par le seul fait de l'égalisation des » impôts et des charges, du moment que l'association sera sanc- » tionnée;

» Considérant que l'industrie métallurgique, la seule qui pour- » rait concevoir des craintes sérieuses, se trouve, par le vote des » chemins de fer, en perspective d'un vaste aliment de travail; » que dès-lors, la transition se trouve tout naturellement ména- » gée; considérant d'ailleurs que l'économie qui doit résulter de » l'Association, quant aux prix des fers, sera tout au profit de » précieuses voies de communication, dont elle facilitera l'établis- » sement;

» Considérant que le consommateur trouvera avantage à l'in- » troduction d'une concurrence qui procurera, sur beaucoup de » matières, de notables réductions de prix;

» Considérant que si la Belgique a une population moindre » que la France, elle a proportionnellement des facultés consom- » matrices plus grandes, et qu'ainsi tout se trouve à peu près » compensé;

» Considérant, enfin, que cette association augmente, non-seu- » lement notre importance maritime et commerciale, mais encore » notre influence politique, en agrandissant le cercle de notre dé- » fense territoriale, aujourd'hui compromise et tronquée par l'ef- » fet de traités onéreux;

» Par toutes ces considérations, notre Chambre est d'avis qu'une » Association Douanière de la France avec la Belgique ne peut » tourner qu'au profit et à la grandeur des parties contractantes, » et qu'elle sera particulièrement profitable à la France. Elle émet » toutefois le vœu que l'Union soit accompagnée de mesures tran- » sitoires et habilement ménagées; elle recommande spécialement » à la sollicitude du Gouvernement, la fabrication des fers et des » machines à vapeur, industries trop intéressantes pour ne pas ré- » clamer la stipulation de réserves qui devront être signalées dès » l'ouverture des négociations. » (1).

La Chambre de Commerce de Bayonne, dans la lettre qu'elle a adressée, le 28 décembre 1842, à la Chambre de Commerce de Bordeaux, s'est exprimée ainsi :

« Nous avons reçu un exemplaire du Mémoire que vous avez » adressé à M. le Ministre du commerce, au sujet d'un traité de » commerce entre la France et la Belgique. Nous venons d'écrire » à ce même ministre, pour appuyer vos représentations et les » conclusions que vous en avez déduites, qui sont parfaite- » ment établies dans votre Mémoire, auquel nous avons pleine- » nement adhéré. »

La Chambre de Commerce de Montpellier, qui représente à la fois le port de Cette et une population manufacturière, avait adressé, dès le 16 novembre 1842, à M. le Ministre de l'agriculture et du commerce, une lettre que nous reproduisons aux pièces justificatives (2); elle ne s'est point contentée de cette mani-

(1) *Chambre de Commerce de Marseille.*—Lettre authographiée en date du 3 décembre 1842, adressée au Ministre Secrétaire d'État au département de l'Agriculture et du Commerce.

(2) Voir, Pièces Justificatives, n° 2.

festation, elle a terminé son exposé de la situation industrielle et commerciale du département de l'Hérault, pendant l'année 1843, par les paroles suivantes :

« Mais nous devons surtout exprimer de nouveau notre opinion » sur une question grave, et qui, nous l'espérons, n'est point » abandonnée : c'est l'Union Douanière avec la Belgique. En exa- » minant attentivement les tableaux du mouvement du commerce, » on demeure convaincu qu'une seule industrie, celle des fers, est » réellement intéressée à ce que l'Union n'ait pas lieu. En effet, » presque toutes les autres industries réclamantes, telles que les » fabriques de cotons et de laines, exportent à l'étranger concur- » remment avec les Belges, quelquefois en Belgique même. On peut » opposer aux mines de houille du Nord, leur prospérité sous » l'Empire. Enfin, les capitaux belges ne paraissent pas aujour- » d'hui devoir effrayer les capitaux français.

» Les avantages de l'Union pour la France ne peuvent faire » l'objet d'un doute. Nos industries spéciales, celles qui n'ont pas » de rivaux, qui sont vraiment le travail national, telles que la » production des vins; celles des soies, l'industrie de Paris et de » Lyon, ont besoin d'un agrandissement commercial de territoire ; » et, plus le peuple auquel on s'unira sera laborieux, riche, in- » telligent, plus il commercera, plus cette Union sera avantageuse. » Enfin, quand il s'agira de traités avec d'autres nations, la France, » agrandie, aura d'autant plus de force et d'avantage.

» Nous espérons donc, M. le Ministre, que le Gouvernement » n'abandonnera pas un projet aussi grand au point de vue in- » dustriel, qu'au point de vue politique, et, qu'en accordant à » l'industrie des fers les ménagements qui sont dûs à tout intérêt » existant, il saura le réaliser. » (1).

(1) *Lettre de la Chambre de Commerce de Montpellier à Monsieur le*

La Chambre de Commerce de Nîmes ne s'est pas prononcée avec moins de force. Dans sa délibération du 9 novembre 1842 (1), elle a déclaré : « qu'elle applaudissait à la grande pensée de l'Union » Douanière de la France et de la Belgique, et qu'elle appelait de » tous ses vœux sa réalisation. »

Notre grande cité manufacturière de l'Est, Lyon, qui marche au premier rang des villes industrielles, a fait cause commune avec Bordeaux, Marseille, Bayonne, Nîmes et Montpellier. Sa Chambre de Commerce, ses négociants, ses prudhommes, son administration municipale, ont, dans l'espace d'une année, réclamé auprès du Roi, du duc de Nemours, des ministres, l'agrandissement de nos rapports commerciaux au moyen de l'Union Douanière, et de traités de Commerce avec d'autres nations; il est impossible de présenter avec plus de force, de vigueur et de netteté, les véritables principes économiques qui doivent présider à nos relations avec les autres peuples; nous joignons à notre Mémoire, les documents émanés des représentants à divers titres, de la riche industrie dont Lyon est le centre (2).

La Chambre de Commerce de Saint-Étienne dont nous n'avons pas le travail sous les yeux, paraît s'être prononcée dans le même sens que celle de Lyon, si nous en jugeons par un extrait de son mémoire publié par le journal des économistes (3).

Ministre de l'Agriculture et du Commerce, sur la situation industrielle et commerciale du département de l'Hérault pendant l'année 1843. — In-8°, pag. 15 et 16. — Imprimerie de Jean Geniès, successeur de Mme Ve Picot.

(1) Voir Pièces justificatives, n° 3.

(2) Voir Pièces justificatives, nos 4, 5 et 6.

(3) Voir Pièces justificatives, n° 7.

Une partie des industriels de Paris ont adressé des réclamations au ministère dans le sens de l'Union Douanière.

Des négociants de Mulhouse et de Rheims ont aussi manifesté, à diverses reprises, leur adhésion à ce projet de traité.

Enfin, les Chambres de Commerce de deux villes du Nord, Arras et Metz, sont venus apporter l'appui imposant de leurs suffrages à cette mesure internationale, et dans des mémoires substantiels et pleins de faits pratiques, elles ont démontré tout l'avantage qui résulterait pour les deux nations d'une Union complète de Douanes; nous reproduisons en entier les travaux de ces deux Chambres, que nous aurons l'occasion d'invoquer plusieurs fois dans le cours de la présente discussion (1).

On voit, par conséquent, que rien n'est moins réel que l'isolement prétendu de la Chambre de Commerce de Bordeaux, dans cette grave question.

Si les Chambres de Commerce du Havre et de Dunkerque, par suite d'erreurs, que nous regrettons de voir défendues par des hommes aussi éclairés que ceux qui les composent, ont, dans cette circonstance, abandonné la défense des véritables principes de la liberté commerciale, Marseille, Cette et Bayonne, parmi les ports de mer; Paris, Lyon, Montpellier, Nîmes, Saint-Étienne, Rheims, Mulhouse, Arras, Metz, parmi les cités manufacturières, soit par l'organe de leurs négociants, soit par celui de leurs Chambres de Commerce, ont fait cause commune avec Bordeaux.

En présence de ces faits incontestables, et que nos contradicteurs ne pouvaient ignorer en entier, il est au moins bien étrange

(1) Voir Pièces justificatives, nos 8 et 9.

qu'ils aient affirmé que le Commerce de Bordeaux demeurait isolé dans ses réclamations.

Lorsqu'une partie du Commerce de Paris, lorsque les Chambres de Commerce des deux principales villes de France, celles de plusieurs ports de mer et villes manufacturières, ont accordé leur appui au projet d'Union Douanière entre la France et la Belgique, et que l'on représente ce projet comme uniquement soutenu *par l'engoûment solitaire* de la Chambre de Commerce de Bordeaux, celle-ci, sans doute, a le droit de faire remarquer que son isolement dans cette question a été mis en avant pour les besoins de la cause que l'on avait à défendre, et il lui est permis de dire qu'elle regrette vivement que des hommes haut placés dans l'industrie aient laissé paraître, sous le patronage de leurs noms, des assertions aussi graves et en même temps aussi peu fondées.

§. II.

Quelques mots sur les questions politiques qui ressortent de l'Union Douanière avec la Belgique.

Nos contradicteurs sont d'accord sur un point de cette question : « Si l'Union Douanière, disent-ils, était le prélude de la » fusion complète des deux pays, rien de mieux, point de débats; » l'intérêt politique de la France, comme puissance européenne, » doit l'emporter sur tout autre considération.... Si cette réunion, » continuent-ils, devait être complète, c'est-à-dire politique, quoi- » que les résultats dussent en être fâcheux pour nous, nous nous » empresserions d'accepter un sacrifice qui rejaillirait en avanta- » ges pour la puissance du pays. »

Mais, dans l'opinion des adversaires de l'Union Douanière, il n'en serait point ainsi; cette mesure n'aurait aucun effet sur les liaisons politiques qui doivent exister entre la France et la Belgique. Cette assertion leur paraît tellement incontestable, qu'ils affirment que les défenseurs du projet d'Union Douanière ont eux-mêmes renoncé à la faire valoir :

« Avant d'entrer en matière, dit le rédacteur de l'un des écrits » qui nous ont été opposés, constatons un fait qui peut servir à » simplifier beaucoup la discussion. Quand on a commencé à son- » der l'opinion, au sujet de l'Union Douanière avec la Belgique, » on a fait sonner très-haut les prétendus avantages *politiques* » qui résulteraient, pour la France, de l'accomplissement de ce » projet. C'était la *conquête morale du Rhin*, la reprise de nos an- » ciennes limites, la réparation de nos plus douloureux échecs. » Aujourd'hui, tout ce lyrisme politique a fait place à la réalité. » On reconnaît, ou du moins on n'ose plus ouvertement contes- » ter, que l'Union Douanière, si elle s'accomplissait, ne pourrait » rien changer aux rapports *politiques* des deux peuples ; que la » Belgique resterait indépendante et neutre, aux termes du droit » public universellement accepté ; que, quand même les traités ne » seraient pas là pour interdire une nouvelle fusion de deux na- » tionalités que l'Europe a irrévocablement séparées, les Belges » repousseraient eux-mêmes un régime qui tend à les dépouiller » de toute existence individuelle, à les frapper de déchéance, comme » nation ; que, par conséquent, toutes les belles phrases, débitées » à propos du Rhin, n'étaient qu'une monnaie de faux aloi, des- » tinée à séduire les esprits superficiels. On nous permettera donc » de déblayer immédiatement le terrain de tous les arguments » empruntés à cet ordre d'idées. Les questions que nous allons exa- » miner n'intéressent en rien la *politique* proprement dite. Que

» cela demeure, dès ce moment, bien entendu ! De part et d'au-» tre, on n'en aura que plus de liberté pour traiter ces questions » au point de vue économique et commercial (1). »

Cette question, quoique fort nettement tranchée, par les lignes qui précèdent, n'est nullement résolue par elles.

Nous ne croyons pas d'abord que les avantages politiques de l'Union Douanière aient été abandonnés par les partisans de cette Union. — Dans les conclusions de notre Mémoire du 4 novembre 1841 (2), et dans divers passages de notre seconde publication (3), nous avons fait ressortir les graves intérêts de cette nature, qui militent en faveur de la mesure dont il s'agit. Nous nous sommes attachés à faire comprendre combien elle importe à l'avenir commercial et politique de notre pays, et combien il serait fâcheux, pour ses intérêts, que la Belgique contractât des liaisons trop intimes avec les autres nations du continent.

Les choses qui se sont passées depuis lors, bien loin de changer notre manière de voir, nous ont affermis dans nos croyances à cet égard, et nous joindrons, dans le présent écrit, de nouvelles preuves à celles que nous avons déjà données.

Avec un peu de réflexion, on nous eût épargné la peine de cette démonstration nouvelle. Les faits parlent assez haut, ce nous semble, pour qu'il soit au moins étrange de prétendre que les relations commerciales n'influent en rien sur les liaisons politiques. — Prétendre que l'Union Douanière n'unirait point plus fortement la Belgique à la France, c'est une contradiction bien

(1) *Comité Central*, etc., mémoire déjà cité, pag. 5.

(2) *Lettre à M. le Ministre de l'Agriculture et du Commerce.* — In-4°. pag. 64 et suiv.

(3) *De l'Union Douanière.* — 1843, pag. 6 et 7, 246 et suiv.

grave dans le système de nos adversaires, car si ce pays voisin a tout à gagner dans la réunion proposée, comment croire qu'il y renoncerait facilement; comment croire qu'en cas de guerre, par exemple, il ne ferait aucun effort pour venir en aide à une nation dont l'alliance serait, d'après les prohibitionistes eux-mêmes, la source de sa richesse et de sa prospérité?

Sans tomber dans l'exagération de nos contradicteurs, sur les bénéfices exclusifs que la destruction des frontières de douanes assurerait à nos voisins, nous croyons que les avantages réciproques qu'elle présenterait aux deux nations, seraient assez considérables pour que ni l'une ni l'autre ne songeassent à rompre le traité, et pour que toutes deux prissent la résolution sérieuse de le défendre envers et contre tous.

Ce ne sont ni la similitude des constitutions, ni les alliances des familles royales, ni la sympathie chevaleresque entre les peuples, qui constituent les bonnes et durables alliances dans le temps où nous vivons; non, rien de tout cela ne crée une véritable solidarité entre les peuples. — Cette solidarité ne peut naître que de la communauté des intérêts, des relations d'affaires qui enchaînent les citoyens des deux états les uns aux autres, d'une telle manière, que les uns ne peuvent perdre ou être mis en danger de perte, sans que la fortune des autres ne soit menacée par contre-coup.

Or, on ne peut nier que l'annulation des frontières de douanes, entre deux états, ne les conduise promptement à un pareil résultat. Les faits viennent d'ailleurs à l'appui des raisonnements; il n'y a que des esprits bien superficiels qui puissent croire que la réalisation du Zollverein n'a rien changé à la situation politique de la Prusse, vis-à-vis des autres états de l'Allemagne et des nations européennes. Tous les hommes sérieux et de bonne foi qui ont réfléchi à ce fait, ont certainement compris son influence, déjà fort grande dans le présent, et son immense portée dans l'avenir. — Déjà, il a lié, d'une manière étroite, les intérêts des états allemands, et l'union commerciale est devenue la base d'une union politique, qu'il sera désormais bien difficile de rompre, et que les souverains des États, engagés dans cette ligue commerciale, auraient eux-mêmes grande peine à briser, si, par hasard, ils en avaient la pensée. Or, ce que la Prusse a fait, la France a d'autant plus d'intérêt à le faire, que la force acquise, par la première de ces puissances, crée une obligation de plus à la seconde de ne pas rester dans un isolement qui, tôt ou tard, lui deviendrait funeste.

Au lieu donc de *déblayer*, avec tant de légèreté, le terrain de la question politique, nous demeurons persuadés que nos contradicteurs eussent mieux fait de l'étudier avec plus de maturité avant de la résoudre d'une façon aussi décisive.

§. III.

Sur l'utilité des Unions Douanières en général.

Nos adversaires, dans leurs dernières réponses, n'ont point abordé cette question. Le motif en est aisé à comprendre.

Les prohibitionistes ont adopté, pour base de leur système, la nécessité de réserver aux *producteurs nationaux* le marché intérieur; or, comme l'Union Douanière n'est autre chose que l'agrandissement de ce marché, comme il est impossible de nier cette vérité, et que les industriels protégés ne pourraient, sans une flagrante contradiction, regarder comme un malheur l'agrandissement du marché qui leur est réservé, on a trouvé plus simple de ne pas traiter cette question embarrassante.

Nous allons essayer de suppléer au silence des écrivains prohibitionistes.

Quels sont les avantages que présente le système prohibitif, au dire de ses adeptes?

Celui d'offrir une vente assurée à leurs produits, en leurs réservant le monopole du marché national.

• Cela posé, il n'est pas possible de soutenir que plus le marché est exigu et mieux cela vaut; il est bien positif, au contraire, que l'extension du marché doit être considérée, au point de vue prohibitif, comme un avantage réel pour les industriels auxquels l'approvisionnement exclusif en est réservé. — Or, quand les droits de douane sont égalisés, quand l'administration fiscale des deux royaumes est confondue, il n'y a plus, ainsi que nous l'avons déjà démontré, qu'une seule nation commerciale, bien qu'il y ait encore deux nations politiques. — L'Union Douanière n'est donc, en réalité, que l'agrandissement du marché réservé; elle devrait, par conséquent, être regardée comme une source de bénéfices par les producteurs privilégiés; si leur système, comme toutes les choses fausses, n'était pas en contradiction perpétuelle avec lui-même, et si ces industriels n'avaient pas, avant tout, la crainte d'un changement quelconque.

Le seul argument que l'on puisse opposer à cette conclusion, c'est celui qui consiste à dire que les Belges étant plus grands producteurs que nous, nous recevrions d'eux une somme de produits beaucoup plus élevée, que celle que nous leur fournirions, et que, par conséquent, nous serions lésés, en raisonnant dans le sens prohibitioniste.

Nous avons déjà fait ressortir tout ce qu'il y a de peu sensé dans cette argumentation; elle irait à établir, en effet, que les provinces les plus riches et les plus fertiles d'un pays, sont une plaie pour ce pays; que la félicité suprême, pour une nation, est d'avoir des concitoyens, des voisins et des alliés pauvres, sans travail et sans industrie. — Ainsi que nous le disions dans notre Mémoire du 4 novembre 1841, la France devrait, dès-lors, retrancher du cercle national ses provinces les plus riches et les plus laborieuses; elle devrait considérer comme un grand malheur de posséder la Normandie, le Lyonnais, le Languedoc; elle devrait déplorer surtout que Louis XIV ait fait la conquête de l'Alsace!

Car le système de nos adversaires ne va à rien moins qu'à cela. Comment comprendrait-on, en effet, qu'il y eût lieu de se réjouir de la possession d'une province aussi industrieuse que l'Alsace, s'il fallait regarder comme un grand malheur d'être commercialement uni à la Belgique?

En allant au fond de cette opinion, en la poussant jusqu'à ses dernières conséquences, on arriverait au morcellement infini du pays, au rétablissement des douanes de provinces, à l'isolement des villes, des hommes, chacun craignant de *payer tribut* à celui qui serait plus habile, plus intelligent, plus industrieux, que lui; tant il est vrai que le système protecteur est un reste de barbarie, une institution déplorable, née aux temps de la féodalité, qui a survécu à la ruine de toutes ses pareilles, et qui tend à perpétuer l'inimitié des nations par les lois de douanes, de même que les impôts provinciaux, avant 1789, empêchaient l'union intime des provinces françaises et leur complète agglomération en corps de nation.

On s'étonne, en vérité, que l'on ait pu soutenir sérieusement que c'est un malheur de s'allier commercialement à un pays riche et grand producteur, quand les faits qui se passent chaque jour, dans l'intérieur même de notre pays, démontrent si complètement la thèse contraire.

Croit-on, en effet, que ce soit l'Auvergne ou le Rouergue dont les relations soient avantageuses à nos grandes villes manufacturières? Croit-on que le principal débouché des cotons de Mulhouse, des soieries de Lyon, des draps de Sedan, des châles de Paris, etc. se trouve dans le département des Landes ou dans celui des Vosges? Que ce soient les rapports avec ces localités qu'il importe surtout de conserver pour enrichir nos pays producteurs? Qui ne voit, au contraire, que les grands ports de mer, Paris, Lyon, Nîmes, Rouen, Lille, Mulhouse, Montpellier, Sedan, Louviers se prêtent un mutuel appui, que c'est dans ces cités opulentes, que se font les grandes consommations d'objets manufacturés, bien que plusieurs de ces cités aient des productions similaires, tandis que dans les pays pauvres, l'habitant des campagnes et celui des villes qui possède une propriété rurale, s'ingénient à faire produire à la portion du sol qu'ils cultivent ou font cultiver, presque tout ce qui est nécessaire à leur consommation. Eh bien! ce qui est vrai pour les pays riches compris dans les frontières de France, le serait également pour toute contrée dont les intérêts commerciaux seraient réunis à ceux de la France, au moyen d'une Union Douanière.

En résumé, comme il est bien évident que les échanges sont d'autant plus nombreux et offrent d'autant plus d'avantages, qu'ils ont lieu entre des pays plus riches et plus grands consommateurs, il demeure donc certain que l'Union Douanière est utile aux nations qui contractent ce genre de traité, en proportion de leur richesse réciproque.

§ IV.

Est-il utile de contracter une Union Douanière avec la Belgique?

Les opposants à l'Union Douanière avec la Belgique, prenant en main la défense des intérêts des ports de Dunkerque et du Havre, qui doivent s'étonner de rencontrer de tels défenseurs, posent ainsi le principe qui, selon eux, dirige la conduite des industriels du Nord de la France :

« *Ils n'ont jamais compris*, disent-ils, *cette recette économique qui consiste à faire du mal aux uns, sous prétexte d'assurer le bien des autres.* » (1)

C'est, en vérité, faire trop beau jeu aux défenseurs de la liberté commerciale, que d'avancer avec une telle assurance, une contre-vérité aussi complète.

Nous croyons, quant à nous, que cette *recette économique*, pour parler le langage de nos adversaires, est la base fondamentale de tout le système prohibitioniste.

Quand on fait maintenir cent dix pour cent de droits sur les fers; quand on fait payer, par conséquent, à tous ceux qui emploient ce métal, et notamment aux agriculteurs qui cultivent la vigne, le fer deux fois plus qu'il ne vaut, pendant que, d'un autre côté, on les empêche de vendre leurs vins aux Suédois, aux Prussiens, aux Belges, aux Anglais, qui payeraient le vin du moins en partie avec leurs fers, que fait-on, si ce n'est mettre en pratique la recette économique dont nous venons de parler, c'est-à-dire *faire le mal des propriétaires de vignes, sous prétexte d'assurer le bien des maîtres de forges et des propriétaires de bois et de houillères.*

(1) *Comité central*, etc., pag. 6.

Quand on plaidait la cause des sucreries de betteraves; quand on voulait que leurs produits fussent exempts de tous droits, pendant que les sucres des Antilles françaises payaient un droit de 49 fr. 50c. p. 100, et celui des pays étrangers un droit de 66 fr. à 115 fr. 50 c. à quel résultat prétendait-on arriver, si ce n'était *à faire le mal des colonies françaises et du commerce maritime, sous prétexte d'assurer le bien des propriétaires de deux ou trois arrondissements des départements du Nord et du Pas-de-Calais?*

Tout le système d'exclusion, de prohibition, de privilége, que défendent les écrivains que nous combattons, n'est autre chose que la mise en action de cette maxime, qu'ils prétendent être celle de leurs adversaires, et qu'ils disent n'avoir jamais comprise. Quand un comité de manufacturiers imprime : « que le *travail national* en » faveur duquel il sollicite constamment la protection du Gouver- » nement, est également respectable à ses yeux dans toutes les sphè- » res d'activité. » (1) il ne parle point sérieusement; car, d'un côté, les impôts indirects, les octrois qui portent presqu'exclusivement sur le vin et les alcools, et, de l'autre, la protection accordée aux mauvaises industries, protection qui interrompt les relations de la France avec les peuples étrangers, sont autant d'atteintes fatales portées au *travail national* des producteurs de soieries, de bronzes, de presque tous les objets qui forment l'industrie parisienne, des châles, des étoffes de laine autres que drap, du Commerce maritime, des vinicoles, etc. — La protection que demandent ces grandes et fortes industries, c'est la liberté de vendre et d'acheter sans entrave de douanes, et c'est contre cette liberté que combattent leurs adversaires.

Cependant les prohibitionistes prétendent *qu'ils ne veulent pas que l'on sacrifie les ports de mer aux manufactures.*

(1) *Comité central*, Mémoire déjà cité, pag. 6.

Ils semblent avoir à cœur de faire constater qu'ils ont convié les villes maritimes à s'associer à la défense du prétendu *travail national*. — Mais c'est encore une dérision! Qu'auraient fait les représentants des villes maritimes dans le sein du comité chargé de cette défense? — Auraient-ils demandé l'entrée des sucres étrangers? Ils auraient vu dès-lors se lever contre eux les fabricants de sucre de betterave, réclamant au nom de leur *travail national*.

Auraient-ils demandé que l'on appuyât le maintien des droits modérés, sur les graines oléagineuses du Levant et de l'Afrique, parce que ces objets sont devenus un aliment indispensable pour les retours de ceux de nos navires qui vont dans ces parages? Ils auraient vu s'élever contre eux les agriculteurs du Nord, les fabricants d'huiles de graines de Lille et de Caen, qui auraient déclaré, tout haut, comme ils l'ont fait à la Chambre des Députés, que les graines de lin de Russie, qui arrivent par les ports ou les frontières de la Flandre, sont fort utiles, parce qu'elles alimentent le *travail national* du département du Nord; mais que les graines de sésame, qui arrivent par Marseille, font le plus grand mal à la France, parce qu'elles alimentent le *travail anti-national*, sans doute, des fabriques d'huile de graines du département des Bouches-du-Rhône!

Auraient-ils demandé à introduire, sans droit, les laines du Chili, du Pérou et d'autres contrées lointaines? Tous les éleveurs de troupeaux auraient réclamé contre une mesure qui doit les ruiner, à ce qu'ils disent.

Les représentants des villes maritimes auraient-ils hasardé enfin quelques mots en faveur d'un traité de commerce avec une puissance quelconque de l'Europe? Mais alors, ils auraient vu se soulever, à la fois, contre eux, tous les fabricants ensemble, qui auraient déclaré, comme ils le font, à chaque occasion nouvelle, que le *travail national* est perdu, si l'on consomme en France une livre de fer étranger, un mètre de drap, de toile ou de calicot, qui n'ait pas été manufacturé dans l'intérieur des frontières !

Non-seulement leur proposition sur ce point aurait été repoussée, mais on leur en eût même fait un crime, on leur eût signalé « les inconvénients de l'état d'incertitude dans lequel le » commerce et l'industrie restent sur l'avenir qui leur est réservé, » pendant ces négociations, qui n'amènent aucun résultat, et que » jamais cependant on n'abandonne définitivement (1). » Ce qui veut dire, sans doute, que le *statu quo* absolu doit être observé dans nos relations commerciales à l'extérieur, et que la prohibition est l'arche sainte à laquelle il est défendu de toucher !

Qu'auraient donc pu faire, dans le sein du comité prohibitioniste, les représentants des ports de mer, si ce n'est assister aux délibérations que devait prendre cette assemblée, dans le but d'achever leur ruine. — Aussi se sont-ils refusés à prendre part à cette réunion, et la Chambre de Commerce du Havre, bien qu'elle se soit séparée des ports, dans la question belge, a fait publier, dans les journaux, une protestation contre la présence d'un délégué du Commerce havrais dans cette assemblée (2).

Le Commerce maritime, en effet, ne vit que d'échanges, et le but des réunions dont nous parlons, est la prohibition absolue de tout ce qui nous vient de l'étranger. Cette exclusion des produits exotiques, bien loin de tendre à diminuer, doit s'accroître chaque jour, puisque l'établissement de toute industrie nouvelle, bonne ou mauvaise, est considérée comme une conquête, et amène inévitablement la prohibition des produits similaires venant du dehors.

(1) Chambre de Commerce d'Amiens. — *De la Liberté commerciale, du Système protecteur et des traités de Commerce*, pag. 1re. — Avril 1845.

(2) Voir, Pièces Justificatives nos 10 et 11.

C'est vainement que l'on parle, au Commerce maritime, du transport des matières premières. — Les industriels ne sont pas les seuls qui veuillent être protégés, et les agriculteurs, qui font cause commune avec eux, ne sont pas moins résolus à défendre la prohibition des objets semblables à ceux qu'ils produisent.

Ainsi, les sucres exotiques sont exclus par les fabricants de sucres de betterave; les graines oléagineuses, par les planteurs de colza; les laines et les bestiaux, par les éleveurs de troupeaux; les fers, par les maîtres de forges, les propriétaires de bois; et, quand nous aurons fait encore quelques conquêtes *nationales*, on prohibera, sans doute, les bois de teinture et les indigos, le café et la gomme arabique, comme on vient de probiber les sésames, afin de compléter le système industriel *éminemment national*, sous lequel nous vivons!

L'invitation faite aux représentants des ports de mers, en la prenant au sérieux, était donc une démarche tout au moins fort peu raisonnée. — Que le Comité dont il s'agit soit persuadé que le système prohibitif est assez utile au pays, pour que l'on doive lui sacrifier les industries les plus avancées et la puissance maritime de la France, — c'est une conviction qu'il est libre d'avoir et libre de défendre, mais, comme elle entraîne la suppression du Commerce avec l'étranger, le comité central ne pouvait sérieusement espérer de compter les représentants des ports de mers parmi les défenseurs d'un système commercial qui les conduit à une ruine complète.

La Chambre de Commerce de Bordeaux a fait remarquer que, dans le cas d'une Union Douanière avec la Belgique, la France remplacerait l'Angleterre et l'Allemagne, pour la fourniture d'un assez grand nombre d'objets manufacturés. — A cela on répond :

« Cette substitution complète de notre industrie à celle de l'An-

» gleterre et de l'Allemagne, pour certains produits, n'aurait, pour » la France, que de *très-insignifiants avantages* (1). »

Afin de prouver leur dire, les adversaires de l'Union Douanière oublient de mentionner les articles les plus importants parmi ceux qui pourraient être fournis par la France à la Belgique. Ainsi, dans son Mémoire du 4 novembre 1841, la Chambre de Commerce de Bordeaux, s'appuyant sur les déclarations des fabricants de coton de la Belgique, entendus dans l'enquête faite par le Gouvernement de ce pays, constatait les faits suivants comme la conséquence des dépositions de ces industriels :

» 1° Que la consommation des cotons étrangers, en Belgique, » s'élève à une somme fort considérable;

» 2° Que la fraude sur ces tissus est très-active;

» 3° Que la supériorité des tissus français y est reconnue;

» 4° Que les fabricants belges, comme ceux de tous les pays, » réclament le marché intérieur tout entier, et poussent leur Gou» vernement vers les mesures qui doivent leur donner le mono» pole de la consommation de leurs compatriotes.

» Il est facile de tirer les conclusions de ces diverses proposi» tions.

» Il résulte de la déposition de M. Van Naemen-Boyé, que les » étoffes fines de coton, fabriquées en France, sont estimées en » Belgique, et y jouissent d'une faveur méritée; que le seul obs» tacle qu'éprouve l'augmentation de leur vente, qui s'élève au» jourd'hui, suivant nos informations, à 5 millions à peu près, » c'est l'introduction en fraude d'une énorme quantité de mar» chandises anglaises de même nature.

» Cette fraude serait donc le seul obstacle à vaincre pour don-

(1) *Mémoire du Comité central*, pag. 8.

» ner à nos fabricants d'indiennes, de jaconnas, de mousselines, » etc., un débouché d'une haute importance. Mais il est évident » que si la contrebande se fait aujourd'hui avec tant de succès, » c'est que les douanes belges, par raison d'économie ou par dé- » faut d'expérience, sont loin d'être organisées convenablement. Si » les mesures douanières devaient désormais être prises en com- » mun, il est certain que la fraude qui existe en ce moment di- » minuerait d'intensité, et finirait bientôt par ne pas s'élever pro- » portionnellement plus haut qu'elle ne s'élève en France.

» Aujourd'hui, la Belgique ne fabrique que peu ou point d'ar- » ticles fins en coton; mais, si l'on s'obstine à refuser tout débou- » ché à son produit, on la mettra dans la nécessité de produire » elle-même tout ce qu'elle consomme, et de repousser énergique- » ment toute importation chez elle. Il y a, dans ce pays, comme » dans le nôtre, un parti puissant qui demande, dans son intérêt, » la prohibition de tout article manufacturé hors des frontières. » Jusqu'ici, il a été vaincu, mais à mesure que le cercle prohi- » bitif se resserre autour de la Belgique, les chances de victoire » de ce parti deviennent plus grandes, et il est bien positif, pour » nous, que son triomphe serait la conséquence obligée de la con- » tinuation de ce qui se passe aujourd'hui, à moins que la Bel- » gique, ce qui est probable encore, n'accédât à l'Uunion des » Douanes allemandes.

» Il y a donc un intérêt pressant pour notre industrie coton- » nière à prévenir cette Union, ou l'établissement, chez nos voi- » sins du Nord, de droits élevés qui excluer aient de ces contrées les » étoffes fines que nous vendons aujourd'hui aux Belges. Ces » droits, s'ils étaient établis, amèneraient la création d'usines ri- » vales des nôtres, et ces usines deviendraient, plus tard, un obs-

» tacle insurmontable à tout arrangement douanier entre les deux » royaumes.

» Par un traité de Commerce ou une Union de Douanes avec » nous, la Belgique aura, sans doute, l'avantage d'introduire sur » nos marchés quelques tissus blancs et communs; mais nous » aurons en échange à lui fournir exclusivement les tissus fins, » qui sont d'une plus grande valeur, et à remplacer l'Angleterre » sur ce marché, qu'elle a accaparé en grande partie. Nous som- » mes donc intimement persuadés qu'il y a un égal avantage pour » les deux pays contractants, ou à accepter l'Union Douanière, ou » à réduire au taux de 5 p. 100 de la valeur les droits qui frap- » pent aujourd'hui à l'entrée les tissus de coton de toute espèce, » importés de l'un des deux États dans l'autre. »

Le Mémoire du *Comité central* a écarté cette portion si importante des relations à établir entre les deux pays; et cependant l'enquête belge a constaté que ce genre d'étoffes, introduit en Belgique, soit légalement, soit en contrebande, représente une valeur de plus de vingt millions de francs !

Le Mémoire dont il s'agit n'admet pas davantage les bénéfices qui résulteraient de la vente des draps et étoffes de laine, et cependant la consommation de ce genre de tissus exotiques est loin d'être sans importance en Belgique, car voici, à cet égard, le résultat du Commerce général de Belgique, en 1841 :

Importations en Belgique, en 1841.

DRAPS ET ÉTOFFES DE LAINE.

Prusse...........................	F.	1,313,113
Villes anséatiques..................		25,790
Grand-duché de Luxembourg.....		506,813
A reporter.....	F.	1,845,716

Report......	F.	1,845,716
Pays-Bas..............................		314,678
Angleterre..........................		9,051,812
France.................................		5,242,494
	F.	16,454,700 (1).

Sur cette somme, plus des deux tiers sont exportés de pays hors de France, et il est à croire que, dans le système de l'Union Douanière, une forte part de la consommation Belge, en ce genre de produit, serait acquise à nos fabricants.

Ce n'est donc qu'en supprimant les deux articles principaux, parmi ceux qui auraient spécialement à profiter de l'Union Douanière, que le comité central est arrivé à la conclusion tout à fait forcée que nous avons déjà citée, sur le peu d'avantages que retirerait la France de sa substitution à l'Angleterre et l'Allemagne, pour la fourniture de certains produits.

Dans ce débat, dont la gravité est incontestable, la Chambre de Commerce de Bordeaux a toujours cru devoir indiquer les sources où elle a puisé les renseignements dont elle a fait usage; il est à regretter que l'exemple donné par elle n'ait point été suivi, car il eût été possible de vérifier, ainsi, certaines erreurs qui sont à signaler, dans le relevé présenté par le *Comité central*, à la page 9 de son écrit.

Pour les soieries, par exemple, le Mémoire de ce comité ne parle

(1) *Tableau général du Commerce de la Belgique avec les pays étrangers pendant l'année* 1841, *publié par le Ministre des finances.* — In-f°, pages XIV à XXVI. — Bruxelles. — Hayez, imprimeur de l'Académie royale, rue de l'Orangerie, n° 16. — Octobre 1842.

que de 1,500,000 fr. de soieries venant des fabriques de Darmen, Elberfeld et Crefeld; il a l'air, par conséquent, de borner à cette somme l'importation des tissus de soies venant d'autres pays que la France; voici cependant ce que l'on trouve aux pages déjà citées, du *Tableau général du Commerce de Belgique*, *en* 1841.

IMPORTATIONS DE TISSUS DE SOIE.

Prusse	F.	1,521,947
Angleterre		931,816
Suisse		138,974
France		4,950,363
	F.	7,543,100

C'est donc environ 2,600,000 fr. de soieries venant des pays étrangers autres que la France, que l'on reçoit en Belgique, et non 1,500,000 fr. — La consommation des soieries françaises pourrait donc, à la rigueur, s'augmenter de cinquante pour cent dans ce pays, s'il était réuni à la France par une Union Douanière.

Les chiffres du comité ne sont pas plus exacts pour les soies écrues et à coudre; en prenant les chiffres de 1841, nous trouvons que la Belgique a reçu ces objets pour la valeur suivante :

Prusse	F.	267,881
Angleterre		304,320
Duché de Parme		91,000
	F.	663,201

au lieu de 400,000 fr. portés par le comité central. — De pareilles erreurs se remarquent encore sur d'autres objets.

Mais à part même ces inexactitudes de détail, il est une observation générale qui domine toute la question; c'est qu'on ne peut juger, que d'une manière bien incertaine, les résultats que produirait l'Union Douanière quand on se base sur l'état actuel des choses pour les apprécier. La suppression de la frontière de Douanes augmenterait évidemment, dans une très-forte proportion, la consommation des produits de France dans la Belgique, de même qu'elle accroîtrait la consommation des produits belges dans notre pays; la nécessité des échanges, leur facilité, la suppression des droits seraient autant de causes déterminantes de cet accroissement. L'école prohibitioniste qui reconnaît la vérité de ces faits quand il s'agit de l'entrée des marchandises belges en France, les écarte et méconnaît leur importance réelle quand il est question de l'entrée des marchandises françaises en Belgique.

C'est ainsi que le Mémoire du *Comité central* déclare que quinze cent mille francs de plus de soieries, vendus dans la Belgique, pays de 4 millions d'habitants, ne valent point la peine que l'on en tienne compte; et cependant si, dans notre vaste pays, peuplé de 34 millions d'habitants, il entrait, en consommation, pour quinze cent mille francs de tissus de laine, fabriqués en Belgique, par exemple, on verrait s'élever de toutes parts les réclamations les plus vives, et les défenseurs de la prohibition déclareraient aussitôt que l'industrie des draps de Sedan, de Louviers et d'Elbœuf, va disparaître en entier devant la rivalité de Verviers!

C'est là ce que soutiennent, au fond, les défenseurs du prétendu travail national quand ils disent :

« Quant aux bénéfices que certaines fabrications de la Belgi-
» que, placées dans des conditions exceptionnelles, trouveraient à
» exploiter le marché intérieur de la France, ils seraient immen-
» ses, en effet, immenses comme la ruine que cette exploitation
» désordonnée provoquerait chez nous dans les principales bran-

» ches du travail national! Mais cette perspective, si elle sourit à » quelques intérêts belges, la croit-on bien encourageante pour » les intérêts français?

» En résumé, voici le produit net de la combinaison qu'on » propose aux deux pays :

» La France jouerait l'avenir de ses plus puissantes industries, » compromettrait plus de deux milliards de capitaux engagés » dans ces industries, s'exposerait à voir arracher, à de nombreu- » ses populations d'ouvriers, le travail et le pain qui les font vi- » vre, porterait ainsi un coup fatal à toutes les consommations, » à tous les revenus publics et particuliers, tout cela pour le plai- » sir de sauver, non pas la nation belge, ses intérêts généraux re- » poussent l'Union plutôt qu'ils ne la réclament, mais quelques » grandes compagnies financières ou industrielles qui ont sur- » excité, sans mesure, trois ou quatre éléments de productions, » et ne savent plus où placer les fruits de ces spéculations effré- » nées. »

Si l'école prohibitioniste tenait quelque compte des faits qu'on lui oppose, elle n'aurait pas reproduit cette assertion, sans valeur, sur l'intérêt que peuvent avoir de grandes compagnies financières de la Belgique à désirer l'Union Douanière. — La Chambre de Commerce de Bordeaux a démontré, en effet, toute la vanité des appréhensions manifestées à cet égard, et, en relisant le Mémoire qu'elle a publié le 10 septembre 1843, aux pages 199 à 221, on reconnaîtra le peu de fondement des craintes exprimées par les industriels ou leurs défenseurs.

Il est bien évident, sans doute, qu'il est en Belgique des industries plus intéressées que les autres à l'Union. Ce sont celles qui fourniraient à la Belgique les moyens d'échange avec la France; mais cette raison banale, qui se trouvera au fond de toute négociation commerciale, empêche-t-elle que l'intérêt général des deux peuples soit de supprimer la ligne de Douanes qui les sépare? Empêche-t-elle qu'il y ait, pour la France, des bénéfices à retirer de son association avec la Belgique? — A entendre les raisonnements que l'on nous oppose, il semble, en vérité, que le bénéfice d'une nation ne se compose que des pertes de l'autre.

On parle, sans cesse, de la force, de la valeur des industries protégées dans notre pays; mais quand il s'agit d'arriver aux faits pratiques, on revient sur ses pas; on déclare, par exemple, qu'une association, entre la France et la Belgique, doit enrichir ce dernier pays outre mesure, tandis qu'elle ruinerait la France; car les plus *puissantes* industries françaises n'ont aucun moyen de lutter avec l'industrie belge; elles ne sont puissantes qu'à une seule condition, celle de n'avoir aucune concurrence à supporter, dès qu'on les met en rivalité avec des industries étrangères quelles qu'elles soient, à l'instant leur puissance prétendue devient une faiblesse et une débilité sans exemple; et, s'il faut en croire leurs défenseurs, elles sont sans moyens de résister, même avec les avantages qui résultent, pour elle, de la proximité des lieux de consommation et des habitudes prises de consommer leurs produits.

Nous ne pouvons accepter comme vraies ces assertions, qui ne sont appuyées d'ailleurs par aucune preuve; nous avons, de la valeur de nos industries, une opinion trop haute, pour les croire dans l'humble position que leur assignent les défenseurs de ce que l'on appelle le *travail national*. Il n'est, ni dansla nature des choses d'abord, ni dans la réalité de la situation respective des deux nations, qu'un pays riche et fertile, peuplé d'hommes intelligents, baigné par les deux mers, les mieux placées pour le commerce, soit dans des conditions telles, que les producteurs de ce pays ne puissent trouver que des pertes dans leurs échanges, avec une petite contrée, peuplée de quatre millions d'habitants, et qui ne possède qu'un ou deux ports de mer de quelqu'importance! L'étude sérieuse des faits et le raisonnement s'unissent ici pour repousser cet exposé, sans réalité, de la position de l'industrie française.

Il faut laisser momentanément de côté les objections faites sur l'abaissement des droits des vins et sur le commerce maritime ; ces objections seront examinées plus tard; mais il est essentiel de faire connaître l'argument qui a paru tout-à-fait décisif au *Comité central*, contre l'Union Douanière. Le voici :

« La Belgique, de son côté, dit-il, pour réparer ces mêmes fau- » tes de l'intérêt privé, aurait à subir un régime de restrictions » et de monopoles fiscaux, auquel elle n'est pas habituée, un sys- » tème de douane compliqué qui répugne à ses mœurs autant » qu'à ses idées. Il faudrait qu'elle se résignât à l'établissement » de cette double ligne, de cette zone de 20 kilomètres, dans la- » quelle les agents du fisc ont le droit de saisir toutes les mar- » chandises qui ne sont pas accompagnées d'expéditions et de piè- » ces requises. Le commerce des tabacs et des sels repose, chez » elle, sur le principe de la plus entière liberté : il faudrait qu'elle » acceptât le principe du monopole administratif, c'est-à-dire qu'elle » passât brusquement d'un extrême à l'autre, son système d'ac- » cises devrait être remplacé par nos exercices sur les bois- » sons et spiritueux; exercices qui excitent, à si juste titre, tant » de réclamations en France. Les sucreries indigènes seraient obli- » gées de se plier aux exigences si onéreuses de l'impôt progres- » sif voté dernièrement par les chambres françaises; et son régime » sur les sucres exotiques serait renversé par l'introduction for- » cée du nôtre. Sous le rapport de l'organisation matérielle, que » de difficultés, que d'entraves jusqu'ici inconnues! Est-on prêt » à s'accommoder de la centralisation administrative qui trans-

» porterait à Paris l'unité d'impulsion, non-seulement pour tou-
» tes les mesures de douane, mais encore pour tout ce qui se rat-
» tache aux contributions indirectes? N'a-t-on aucune objection
» contre l'attribution souveraine, à notre cour de cassation, de
» tous les cas litigieux survenus dans l'action des services publics,
» qui seraient communs à la Belgique? A-t-on songé aux embar-
» ras de toute nature qu'entraînerait nécessairement la mise à exé-
» cution d'un réglement, d'un tarif, d'une mesure ou modifica-
» tion quelconque, sur laquelle *quatre chambres législatives* de-
» vraient être préalablement consultées? S'imagine-t-on tous les
» conflits, toutes les rivalités de prétentions et d'intérêts qui peu-
» vent surgir d'un semblable état de choses? Pour peu qu'on y
» réfléchisse, on ne tarde pas à reconnaître que, vouloir réaliser
» l'Union dans des conditions pareilles, c'est véritablement vou-
» loir organiser le chaos. » (1).

Cette *organisation du chaos* n'est pas aussi difficile qu'on veut bien le supposer. Dans la réunion du Zollverein, formé aujourd'hui de près de trente états indépendants, il y avait certainement beaucoup d'autres difficultés à résoudre qui valaient bien celles que l'on énumère avec tant de soin. Les différences des lois civiles et politiques, celle du régime des droits de toute nature, les différences de monnaies, de poids et de mesures, la difficulté de partager d'une manière équitable aux yeux de tous une recette devenue commune à trente princes indépendants, celle non moins grande d'accorder les intérêts de tant de producteurs, qui se croyaient hostiles les uns aux autres, tout cela valait bien, sans doute, l'embarras que pourraient éprouver les négociateurs de l'Union entre

(1) *Comité central*, etc., Mémoire déjà cité, pag. 12.

la France et la Belgique, pays qui ont long-temps été réunis, et qui, aujourd'hui encore, ont à peu près le même système de gouvernement, et les mêmes lois civiles, les mêmes monnaies, les mêmes poids et mesures; entre qui d'ailleurs le partage n'offrirait pas les grandes difficultés qui ont dû exister, sur ce point, pour la formation du Zollverein allemand.

Mais on objecte encore que la Belgique aurait à perdre singulièrement dans une pareille transaction, et on expose les motifs qui doivent leur faire repousser l'Union, dans les termes suivants :

« Mais ce n'est pas tout. Ce que la Belgique ne doit pas per-
» dre de vue, c'est que, dans cette hypothèse de l'Union, elle au-
» rait, en outre, à supporter les aggravations d'impôts qui en-
» chériraient de beaucoup, pour elle, une foule de denrées que,
» dans le système actuel de ses lois économiques, elle se procure
» à bas prix. Pour ne pas entrer ici dans une digression inop-
» portune, nous ne citerons que quelques exemples.

» Le café étranger paie aujourd'hui, à son entrée en Belgique,
» 5 à 8 fr. par 100 kil. Si la Belgique se soumettait à notre tarif,
» le droit sur le café se trouverait porté, pour elle, à 105 fr. par
» 100 kil.

» Les tissus de laine et de coton entrent maintenant chez elle à
» des droits de 125 à 250 fr. par quintal métrique : elle serait
» obligée de les *prohiber*.

» Les cristaux, les savons, la coutellerie, l'acier ouvré, les
» sucres raffinés, les eaux-de-vie de grain, sont reçus à la fron-
» tière sous des droits spécifiques, qui sont, pour les eaux-de-vie,
» de 4 fr. 24 cent. par hectolitre, et qui, pour les autres arti-
» cles, ne s'élèvent que de 6 à 10 p. 100 de la valeur : elle se-
» rait obligée de les *prohiber*.

» La rubannerie de fil et coton paie 60 et 100 fr. les 100 kil.; » elle aurait à payer, d'après notre tarif, 120 à 230 fr.

» La batiste paie 5 fr. : elle paierait 25 fr.

» Les laines teintes paient 2 p. 100 de la valeur : elles paie- » raient 300 fr. le quintal.

» Les faïences et porcelaines paient de 3 à 80 fr. : elles paie- » raient 50 à 330 fr., et les grès fins, qui ne payent que 3 fr., » seraient prohibés.

» Le papier paie 10 à 15 p. 100 : il paierait 80 à 150 fr.

» Les meubles paient 6 p. 100 : ils paieraient 15 p. 100.

» Les cordages de chanvre paient 21 c. : ils paieraient 25 fr.

» Les bœufs et vaches paient 10 c. par kil : ils paieraient » 50 fr. par tête, etc.

» N'est-il pas évident que, comme nous le disions tout à l'heure, » l'intérêt des consommateurs belges serait profondément lésé par » cette combinaison?

« Aussi le projet d'Union Douanière a-t-il rencontré, en Belgi- » que, des résistances non moins vives que celles qui ont éclaté » en France. La Chambre de Commerce de Bordeaux parle sans » cesse, comme si la Belgique était *unanime*, comme si l'opposi- » tion ne s'était jamais manifestée que parmi nous. C'est là une » des nombreuses illusions sur lesquelles repose le système qu'elle » soutient. La Belgique a, maintes et maintes fois, protesté contre » l'Union par ses pétitions, par ses journaux, par ses orateurs dans » les deux Chambres, par quelques-uns même de ses ministres que » chacun ici pourrait facilement nommer.

Il faut remarquer, ici, l'inconséquence du système prohibitioniste : ses défenseurs prétendent que la Belgique a tout à perdre à s'unir commercialement avec la France, et cela, parce que le système de douanes est plus modéré dans ce pays, que chez nous; ils reconnaissent que *la condition des ouvriers belges est meilleure que celle des ouvriers français, parce que l'extrême modération des tarifs de la Belgique, rend la vie commode et facile dans ce pays* (1); et ils prétendent, en même temps, que le bonheur de la France est attaché au maintien du système de prohibition; et c'est au nom des ouvriers que les défenseurs de la prohibition réclament le maintien d'un tarif de douanes, qui leur rend la vie dure et pénible, en enchérissant tous les objets de première nécessité qu'ils consomment.

Un dilemme peut donc être posé aux prohibitionistes, dans les termes suivants :

Si le tarif prohibitif de la France empêche la vie d'être *facile et commode* dans notre pays, si ce tarif rend la condition de nos ouvriers, inférieure à celle des travailleurs belges, et si les consommateurs de la Belgique doivent être lésés par l'adoption de notre tarif, comment pouvez-vous le défendre au nom des intérêts des travailleurs nationaux?

Si, au contraire, ce tarif fait la force de la France et sa prospérité, comment pourrait-il être nuisible à la Belgique, dans le cas où elle l'adopterait par suite de l'Union Douanière?

Quant au reproche fait à la Chambre de Commerce de Bordeaux de ne point avoir mentionné les oppositions que le projet d'Union a rencontrées en Belgique, il n'en est pas de plus mal fondé.

Dans son Mémoire du 4 novembre 1841, la Chambre de Commerce a signalé l'influence du parti prohibitioniste en Belgique (pag. 10 à 14, 15 et 16), au sujet des draps et étoffes de laine, en disant :

(1) Ce sont les expressions de la Chambre de Commerce de Rouen. (Voir l'écrit de la Chambre de Commerce de Bordeaux, intitulé : *de l'Union Douanière entre la France et la Belgique*. — 1845, pag. 158.

1° « Le cercle de prohibitions dont nous nous sommes entourés » a multiplié chaque jour les représailles contre nous, et chaque » jour nous avons diminué nous-mêmes, et vu diminuer par les » autres peuples, les moyens d'échanges qui existaient naturelle- » ment; nous nous acheminons donc à un isolement commercial » presque complet au milieu des nations européennes. — Ce qui » nous inspire cette réflexion, c'est que nous voyons que, dans la » crainte de ne pas pouvoir trouver un écoulement de ses pro- » duits, la Belgique s'ingénie à exclure les nôtres et à suivre l'exem- » ple que nous lui avons donné en produisant dorénavant, elle- » même, tout ce qu'elle consomme. »

La Chambre de Commerce citait ensuite des demandes de la Chambre de Commerce de Verviers et des industriels de Liége, demandant des droits sur les tissus de laine autres que draps.

2° A la page 19 du même Mémoire, la Chambre de Commerce de Bordeaux citait l'opinion d'un maître de forges, M. Dupont, de Charleroy, demandant l'Union avec la Prusse.

3° A la page 30, se trouvaient les lignes déjà citées plus haut, à propos des étoffes de coton, qui signalent, de la manière la plus positive, l'existence d'un parti prohibitioniste en Belgique.

4° Cette manière de voir est exprimée de nouveau, à la page 76 du même travail, où la Chambre de Commerce a dit :

« Et que l'on n'imagine point que nous avons tout le temps de » délibérer. Le parti qui nous soutient en Belgique se compose » principalement des provinces occidentales et méridionales, que » leurs intérêts attachent à notre marché; mais déjà les nouvelles lois » de Douanes et les interprétations de l'administration sur les » toiles *blondines* et *brabantes* ont aigri contre nous les popula- » tions des Flandres, dont les députations forment le tiers des cham- » bres belges. De nouveaux refus de notre part les jetteraient, par

» dépit, dans le parti opposé, auquel elles donneraient une puis- » sance sans contre-poids suffisant désormais. »

5° Enfin, les inconvénients que l'Union Douanière peut présenter à la Belgique ont été si complètement déduits dans ce Mémoire, à la page 60, que le passage de l'écrit de la Chambre de Commerce, est presque semblable à celui du Mémoire du *Comité central*, que nous avons cité plus haut.

Ces citations suffisent pour démontrer de la manière la plus convaincante, que la Chambre de Commerce de Bordeaux ne s'est fait aucune illusion sur les résistances que l'Union Douanière pourrait trouver en Belgique; qu'elle n'a voulu dissimuler aucune des difficultés sérieuses que pourrait rencontrer la négociation d'une telle alliance.—Si donc elle a persisté à la regarder comme possible, c'est après avoir consciencieusement étudié la question dans son ensemble et sous ses divers points de vue, et parce qu'elle est demeurée bien persuadée, après cette étude, qu'il y avait, pour les deux pays, un avantage immense à supprimer les barrières fiscales qui les séparent.

§ V.

Réclamations des Ports de mer.

C'est toujours avec un profond sentiment de regret, que nous nous voyons forcés d'entrer en lutte, dans la question qui nous occupe, avec quelques-uns des ports de mer qui s'unissent habituellement à nous pour défendre la liberté du Commerce. — Ceux qui, au nom de ces ports, ont repoussé l'Union Douanière avec la Belgique, ont pensé que les intérêts particuliers de leur localité étaient opposés à cette grande mesure. C'est-là une erreur que nous déplorons, car nous demeurons profondément convaincus que, par cette opposition, ils ont agi contre eux-mêmes, tout autant que contre nous.

Dans cette circonstance, le Havre et Dunkerque se sont trouvés plaider contre les autres ports de mer, et avoir pour alliés les comités des prohibitionistes et leurs journaux, et l'appui que ces ports ont trouvé, dans cette occasion, chez les adversaires constants du Commerce maritime, devrait, ce nous semble, leur inspirer quelques doutes sur la bonté du parti qu'ils ont embrassé.

Quoi qu'il en soit, nous allons examiner, avec tout le soin que mérite cette grave question, les objections qui nous ont été opposées. — Elles sont de deux natures, les unes sont absolues et les autres relatives; nous parlerons d'abord de ces dernières.

On a reproduit, au nom des ports de mer du Nord, l'éternel argument des maîtres de forges : le Commerce maritime de ces ports, a-t-on dit, n'est pas prêt pour la concurrence que lui feraient les ports belges : quand les bassins seront creusés, quand les canaux seront ouverts, les chemins de fer construits, il sera temps de songer à l'Union Douanière!

Après avoir examiné la situation du Commerce français, avant la révolution de 1789, et les modifications qu'il a subies depuis lors, le principal défenseur du système de l'atermoiement s'exprimait ainsi :

» ......Si l'on examine la position géographique des ports
» de la Belgique, et de ceux que nous possédons, depuis la frontière belge jusqu'à l'extrémité de la Manche, on reconnaît qu'ils
» sont appelés à rivaliser pour l'approvisionnement du pays qui
» s'étend entre l'Escaut et la Seine. Nous exposons dans la lutte

» l'approvisionnement d'au moins dix ou quinze de nos départe- » ments les plus riches, les plus industriels, les plus populeux; » la Belgique n'expose guère que la valeur de quatre départe- » ments; notre enjeu est alors beaucoup plus considérable que le » sien. Nous risquons beaucoup plus que nous ne pouvons ga- » gner. Ajoutons que la frontière est beaucoup plus rapprochée » d'Anvers que du Havre; que Lille, par exemple, est plus près » du premier que le second, et que, par conséquent, non-seulement » nous exposons une mise plus considérable, mais encore que les » chances défavorables sont pour nous. Est-ce bien prudent de » provoquer ainsi nos ports à une lutte dangereuse, où l'avan- » tage est tout entier du côté des ports belges, où nous avons » des pertes à attendre, sans avoir des bénéfices à espérer?

» Peut-on dire, du moins, que nos ports soient préparés à » la concurrence que l'Union Douanière leur créerait en appe- » lant les ports belges à leur disputer la part d'approvisionne- » ment dont ils sont en possession? Examinons d'abord la cons- » titution intérieure de chacun d'eux. *La prospérité, déjà ancienne,* » *du port d'Anvers, lui a permis, depuis long-temps, de s'organiser* » *d'une manière avantageuse sous le rapport maritime et commer-* » *cial.* En 1803, Napoléon y fit exécuter d'immenses travaux » pour l'agrandir. Trois vastes bassins et huit canaux, creusés » par ses ordres, permettent aux plus grands bâtiments de se ran- » ger le long des quais. Le port est profond et commode, et peut » contenir plus de mille bâtiments qui pénètrent dans l'intérieur » de la ville au moyen des canaux. Nos ports sont-ils dans les » mêmes conditions? Les travaux que nous avons entrepris dans » toutes nos villes maritimes de la Manche sont-ils terminés? » *Qu'avons-nous fait surtout pour le port du Havre?* Nous en som- » mes encore à des projets...

» Mais ce n'est pas tout. Le rayon d'activité des ports croît et » s'étend en raison de la facilité de leurs communications avec » l'intérieur. Plus les lignes navigables qui aboutissent à un port » seront multipliées et pénétreront profondément dans le terri- » toire, plus il enverra au loin les matières qu'il reçoit, plus il » pourra faire venir de loin, et à bon marché, les denrées qu'il » peut y porter. Ainsi, si deux ports sont en concurrence pour » l'approvisionnement d'un pays intermédiaire, l'avantage sera » nécessairement pour celui qu'un système de navigation inté- » rieure bien entendu reliera aux principaux centres d'industrie et » de consommation. Les ports de la Belgique se trouvent, sous » ce rapport, dans une admirable situation : elle a un système » de canalisation complet, et l'on remarquera que ce système con- » verge vers la France par plusieurs directions : par la Meuse, » la Sambre, le canal de Condé et l'Escaut supérieur, par le ca- » nal d'Antoing, l'Escaut inférieur, la Scarpe et les canaux du » Nord, par le canal de Bruges, celui de Newport et les canaux » de la Flandre française. Les ports de la Belgique communiquent » avec tous ces canaux, et peuvent s'en servir pour approvision- » ner notre territoire septentrional. Si le port de Dunkerque jouit » de canaux qui le mettent à même de rivaliser avec ces ports, » que dire de celui du Havre, qui n'a que la Seine pour débouché, » la Seine encore à l'état de nature, avec tous ses inconvénients, » toutes ses difficultés?...

» La Belgique ne possède pas seulement un excellent système » de navigation intérieure; elle jouit, en outre, d'un réseau de » chemins de fer presque complet ».

(Ici l'écrivain rend compte des résultats heureux qu'a eus pour les ports d'Anvers et d'Ostende l'ouverture du chemin de fer, et il ajoute) :

« Si telle est l'influence des chemins de fer sur la prospérité » des villes maritimes, ne devons-nous pas attendre que nos ports » soient aussi bien pourvus que les ports belges; que Dunkerque » soit relié à Lille, que le Havre soit relié à Paris? Il y va, non-» seulement de notre approvisionnement intérieur, mais de no-» tre transit en marchandises et en voyageurs.

« Ainsi, en résumé, notre Commerce maritime n'est pas moins » intéressé que notre industrie à l'ajournement d'un projet qui » n'est pas encore mûr, et qui ne peut que gagner à être médité, » préparé, avant de recevoir une exécution. Nos ports ont tout à » craindre, peu à gagner dans l'Union commerciale de la France » et de la Belgique; encore faut-il qu'on leur donne les moyens » de soutenir la concurrence des ports belges, sans trop de désa-» vantage; que l'on complète d'abord leur organisation; qu'on » leur donne, comme aux ports belges, des canaux et des che-» mins de fer, et la lutte pourra, du moins, s'engager à peu près » dans les mêmes conditions des deux côtés. Jusque-là, il nous » paraît équitable et prudent de surseoir, d'étudier et de préparer » les voies de l'avenir (1).

Les opinions du genre de celle que nous venons de rapporter, plaisent ordinairement à la majorité; elles ont une apparence de modération et de justice qui séduit au premier coup-d'œil; il est important, par conséquent, de bien démontrer combien elles sont erronées.

D'abord, les faits avancés ne sont pas exacts.

La prospérité du port d'Anvers, appliquée aux affaires de no-

(1) *Globe*, 28 octobre 1842. — Les six articles publiés par ce journal, sur la question de l'Union Belge, peuvent être regardés comme le manifeste des partisans de l'*atermoiement*.

tre temps, n'est pas plus ancienne que celle du Havre et de Dunkerque; l'une et les autres remontent à 1814; — avant cette époque, vingt-cinq années de guerre maritime avaient rompu les relations commerciales d'Anvers, comme celles des ports qui sont demeurés français. —Les travaux, faits par Napoléon dans ce port, ont été comblés en grande partie; les bassins y sont commodes, sans doute, mais moins que ceux du Havre peut-être; car ils sont situés à l'extrémité de la ville, et la plupart des bâtiments au long-cours ne pourraient pénétrer dans les canaux dont parle l'écrivain auquel nous répondons, tandis que, par les dispositions des bassins du Havre, les bâtiments et les marchandises arrivent jusqu'au cœur même de cette cité.

Il n'est donc pas nécessaire, pour résoudre la question, d'examiner ce que l'on a fait pour le port du Havre, ni de prendre en considération les immenses travaux projetés dans cette localité, car il est constant que, dès aujourd'hui, ce port présente au commerce au moins autant d'avantages, pour la commodité du débarquement, de l'emmagasinage, etc., que le port d'Anvers.

Quant aux défauts de moyens de transports entre le Havre, Dunkerque et l'intérieur de la France, on exagère leur insuffisance; mais alors même que cette infériorité serait réelle, faut-il donc que tout le pays souffre, dans ses relations commerciales, parce que les communications entre ces deux ports et les marchés de l'intérieur semblent insuffisants? Les défenseurs du port du Havre et de celui de Dunkerque reproduisent encore ici les arguments des maîtres de forges, que nous avons déjà réfutés (1) dans

(1) *De l'Union Douanière* (2me publication), grand in-8°. — 1843, pag. 119 et suiv.

l'un de nos précédents Mémoires. — D'ailleurs, cette imputation n'est pas exacte pour le port de Dunkerque, qui est relié, par de magnifiques chaînes de canaux, aux principales villes manufacturières du département du Nord, et depuis l'époque où les lignes que nous réfutons ont été écrites, le port du Havre a été doté d'un chemin de fer qui le mettra en prompte et rapide communication avec Paris, et de là avec toutes les lignes de rail-way qui partent de la capitale et vont rayonner jusqu'aux extrémités opposées de la France.

A part toutes ces considérations secondaires, qui ne voit d'ailleurs que le système d'atermoiement n'est autre chose qu'une fin de non-recevoir à peine déguisée. — Si l'on veut prendre la peine d'aller au fond des choses, on verra facilement que tout ce qui a été écrit sur ce point signifie à peu près ceci : — Nous consentirons à une Union Douanière ou à un traité de commerce avec la Belgique, quand nos ports seront tellement perfectionnés, nos canaux et nos chemins de fer tellement multipliés, nos manufactures dans un tel état de progrès, que nous n'aurons plus à craindre que les ports ou les manufactures belges puissent faire entrer un quintal de marchandise ou une aune d'étoffe dans la consommation française; en un mot, nous voudrons de cette union ou de ce traité quand nous serons assurés qu'ils ne pourront plus avoir aucune utilité, aucun résultat. — Ne vaudrait-il pas mieux, dès-lors, avouer, avec franchise, qu'on s'oppose absolument à cette Union, et qu'au moment même où le gouvernement de la Chine, entraîné par les besoins de ses peuples, autant au moins que par la force des armes de l'Angleterre, ouvre ses frontières au Commerce étranger, la France va fermer les siennes!

Les ports de mer qui s'opposent à l'Union Douanière ont bien senti ce qu'il y a de contradictoire entre les demandes qu'ils formulent chaque jour pour la liberté du Commerce, et leur opposition à l'Union Douanière avec la Belgique; ils ont vu qu'en agissant comme ils l'on fait, dans cette circonstance, ils avaient donné des armes à leurs adversaires, et justifié, par leur exemple, tout le système prohibitif. Pour pallier, autant qu'il était en leur pouvoir de le faire, le tort qu'ils faisaient à la cause de la liberté commerciale, ils se sont, ainsi que les maîtres de forges, rejetés sur la *raison d'État*, qui se lie au commerce maritime.

Nous ne voulons pas faire, entre les deux prétentions, une comparaison absolue, et méconnaître l'importance de l'exception qui nous est opposée : si c'est une puérilité de prétendre que la France manquerait de fer pour se défendre, dans le cas où le fer étranger pourrait entrer librement dans notre pays, il est bien vrai et bien réel qu'il n'y a pas d'armée de mer sans matelots, et qu'il n'y a point de matelots exercés et nombreux sans un commerce maritime étendu et une puissante marine marchande; il est donc très-certain qu'une véritable *raison d'État* commande au Gouvernement d'employer tous les moyens en son pouvoir pour empêcher la décadence de la marine. — Mais les craintes que l'on émet sont-elles fondées? La Belgique, dont la marine existe à peine, peut-elle être considérée comme devant ruiner la marine française? Ecoutons, sur ce point, l'écrivain qui s'est prononcé avec le plus de force et d'une manière tout-à-fait absolue contre l'Union Douanière.

Après avoir déclaré que l'examen de cette question, au point de vue de ses effets commerciaux, est placée sur un mauvais terrain, il ajoute :

« Nous soutenons que la satisfaction de ces intérêts, fût-elle
» entière et réciproque, il resterait encore au pays le droit d'exa-
» miner, avant de conclure, *si cet accord général embrasse bien*

» *tous les éléments de la question*, et s'il n'en a pas été oublié un, » dont l'importance dominerait tout le débat.

» Or, cet élément existe dans la question. *C'est l'intérêt de no-» tre navigation; intérêt politique s'il en fût, et qui ne saurait, à » aucun titre, être confondu et mis en balance avec des considérations » commerciales et industrielles.*

» C'est l'intérêt de notre navigation qui, ainsi que tout le » monde l'a reconnu, se lie si intimement avec celui de la puis-» sance nationale, que l'un ne va pas sans l'autre. Si donc il est » vrai, qu'aucun avantage commercial ne saurait compenser la » moindre atteinte portée à la puissance du pays; qu'aucun ar-» gument économique ne saurait balancer une considération tirée » de l'ordre politique, comment peut-on soutenir, en thèse ab-» solue, que l'Union Douanière avec la Belgique peut être avan-» tageuse à la France, du moment qu'elle menace, dans quelque » proportion que ce soit, l'intérêt de notre navigation? (1)

» D'après ce qui a été dit jusqu'ici, tout le monde a compris, » par une Union Douanière, une convention qui, commerciale-» ment, réunirait la Belgique à la France sous les mêmes tarifs » et dans les mêmes lignes de douanes, de telle sorte qu'une mar-» chandise, une fois introduite en France ou en Belgique, pour-» rait circuler librement dans toutes les parties des deux terri-» toires, sans avoir à supporter d'autres droits que ceux perçus » à l'une ou à l'autre frontière, et qui seraient partout les mêmes.

» D'où il résulte forcément que la seule différence affectant une » marchandise entrée par un point quelconque de la frontière » belge ou française, et se rendant à l'intérieur, consistera dans

(1) *Journal du Havre*, 28 novembre 1843.

» les frais de transport ou dans la distance de ce point au lieu » de destination.

» Ceci posé, il est clair que la mesure entraîne l'assimilation » complète des pavillons, et par conséquent la suppression de » toute espèce de protection pour les navigations nationales. Un » chargement apporté par un navire belge en France sera admis » aux mêmes droits, que la même cargaison apportée par un na- » vire français en Belgique. De même une cargaison apportée » par un navire belge en Belgique pourra être introduite en » France aux mêmes droits que si elle sortait d'un navire fran- » çais, et réciproquement. Il est bon de se bien pénétrer de ce » double mouvement.

» Car il en résulte évidemment que les marchandises ne crai- » gnant plus de droits différentiels se rendront, sans distinction » de pavillon, ni de pays, dans les ports qui leur offriront la » voie la plus facile et la plus courte vers le lieu de consomma- » tion.

» Pour se rendre compte des effets de l'Union Douanière, il » ne s'agit donc plus que de chercher les nouvelles voies que le » territoire belge peut ouvrir vers l'intérieur de la France.

» Or, tout le monde a reconnu que l'ouverture des ports d'Os- » tende et d'Anvers sont :

» D'une part :

» La substitution du bassin de l'Escaut au bassin de la Seine, » pour l'approvisionnement du Nord de la France ;

» De l'autre :

» Pour les départements de l'Est et les États frontières, la sub- » stitution du bassin du Rhin relié à la mer, par des chemins de » fer, à la même voie traversant le royaume et les ports français.

» La première de ces substitutions est manifeste à la simple

» inspection de la carte, et n'a pas besoin d'être démontrée. La » seconde s'effectuerait à l'aide des avantages économiques incon- » testables qu'offrirait la voie du Rhin par la Belgique et Co- » logne.

» Le calcul établit rigoureusement cette démonstration; en » voici les éléments résumés :

» Les frais de transport d'Anvers à Strasbourg, en contournant » nos frontières, s'élèvent actuellement, par tonne de marchandise, » à 88 fr.

» Du Havre à Strasbourg, ils ne sont pas moindres aujour- » d'hui de 131 fr.

» C'est donc, comme on le voit, un avantage effectif de 20 » p. 100 sur les frais de transport dont jouiront les marchandi- » ses arrivant par mer à Anvers.

» Elles en jouiront d'abord proportionnellement sur tout le » trajet d'Anvers à Strasbourg, qui les déversera sur les pays tra- » versés ; et à Strasbourg elles en jouiront absolument pour tout » le rayon des provinces de l'Est, que cette limite leur permet- » tra d'atteindre.

» En présence d'une semblable supériorité, peut-on douter » qu'une portion considérable des produits d'outre-mer, qui s'in- » troduisent en France par nos ports, ne prenne bientôt la voie » plus économique d'Anvers ?

» Mais, dira-t-on (c'est la Chambre de Commerce de Bordeaux qui parle) « faut-il de toute nécessité réserver au Commerce du » Havre l'approvisionnement presque absolu de nos départements » frontières. »

» Non, sans doute, et nous prenons acte de cet aveu; mais il » faut, *de toute nécessité*, le réserver à notre navigation ; car c'est » là la question, et la Chambre de Commerce la comprend si bien,

» que ne pouvant méconnaître le dommage qui en résulterait pour » l'intérêt politique de la navigation, elle ne trouve à y opposer » que ceci : « il est impossible de scinder les choses humaines. »

» Physiologiquement, l'aphorisme peut être vrai ; mais com- » ment soutenir qu'un grand État ayant son rang à garder, son » honneur à défendre, doive sacrifier les intérêts de sa puissance » et de sa politique, à des considérations commerciales. En vérité, » en se retranchant dans un pareil argument, la Chambre de Com- » merce de Bordeaux nous fait trop beau jeu ; car ce n'est pas » autre chose que la négation complète du principe qu'elle applau- » dissait hier dans la bouche de son président, à l'occasion de la » question des sucres.

» Ainsi donc, de son aveu même, l'intérêt de la navigation » est menacé par l'Union Douanière, et toute sa sollicitude pour » cet intérêt se borne à prétendre : « que l'accroissement de la » marine belge, aux dépens de la nôtre, sera presque nul. »

» Presque nul ! Voilà bien ces atténuations funestes, ces ca- » pitulations coupables, qui ont réduit notre navigation à l'état » de décadence où nous la montrent aujourd'hui les chiffres of- » ficiels. C'est par de telles concessions que l'on a réussi à ta- » rir insensiblement ses ressources. *Et dans le traité avec la Hol- » lande,* et dans la loi des douanes, et dans l'affaire des sucres, » les adversaires de notre navigation ne se sont pas exprimés au- » trement. Faut-il que ce soit un port de mer qui leur fournisse » de nouvelles armes ?

» Mais, qui prouve que ce dommage sera presque nul ? Qui » ne voit, au contraire, que tout l'approvisionnement qui se di- » rigera par la Belgique pour jouir des avantages que nous pré- » cisons plus haut, est autant de fret enlevé à nos bâtiments.

» Dira-t-on, comme nous l'avons entendu, que l'égalité exis-

» tant entre les pavillons belges et français, rien n'empêchera » nos navires d'aller porter à Anvers les produits qu'ils déposaient » au Havre.

» Nous avons honte de répondre à de pareils arguments, qui » dénotent la plus complète ignorance des errements de la navi- » gation. Non, nos bâtiments n'iront pas à Anvers, on le sait » bien, puisqu'ils y rencontreraient, dans le pavillon belge, la » supériorité que donne *une navigation directe sur une navigation* » *d'échelle*. Ils n'iront pas, et tout l'approvisionnement pour le- » quel on fait valoir l'intérêt des départements frontières, ne » pourra leur profiter qu'au détriment de nos navires.

» La marine belge qui, même aujourd'hui, l'emporte sur nous » dans la navigation de concurrence, se substituera à la nôtre » pour le transport de cet approvisionnement. Cela est évident. » Peu nombreuse aujoud'hui, elle ne tardera pas à posséder un » matériel, dont elle aura l'emploi lucratif, et, à défaut de na- » vires neufs, elle trouvera alors, dans les bassins du Havre, » assez de navires désarmés et à vendre.

» Et comme le personnel croît en raison de l'exploitation ma- » ritime, il n'est pas douteux que la Belgique ne possède bientôt » un corps nombreux de marins et n'attire, à Anvers et à Os- » tende, la population de nos côtes du Nord, forcée de se porter » où l'appellerait le travail.

» Et comme, en temps de guerre, la Belgique ne cesserait pas, » *en vertu de sa neutralité*, d'exploiter les mers, non-seulement » une grande partie de notre fret prendrait cette voie, mais la » France aurait elle-même frayé à ses marins le chemin qu'ils » devraient suivre, pour se soustraire au dur régime de l'inscrip- » tion maritime.

» On n'en finirait pas, si l'on voulait énumérer toutes les dé-

» sastreuses conséquences que pourrait avoir une Union Doua-
» nière, assimilant les pavillons, mais on peut les résumer en
» peu de mots.

» Ce serait le coup le plus funeste porté au principe politique,
» qui, dans l'intérêt de la puissance du pays, commande d'en-
» courager et de protéger la navigation nationale. Ce serait, nous
» ne craignons pas de le dire, de la part des hommes d'État qui,
» pour un intérêt d'argent, livreraient ainsi les armes navales de
» la France, un acte de quasi-trahison (1).

Nous avons cité avec quelque étendue cette opinion, parce qu'elle a un caractère sérieux, et qu'elle pourrait être opposée au projet que nous défendons, avec une apparence de raison et de force, si nous ne montrions pas qu'elle repose entièrement sur des bases erronées.

Examinons d'abord les principales objections, en écartant momentanément la raison d'État. — L'Union Douanière, dit-on, c'est la substitution du bassin de l'Escaut au bassin de la Seine, pour l'approvisionnement du nord et de l'est de la France.

Pour ce qui regarde les départements du Nord, nous croyons avoir complètement réfuté notre contradicteur, par avance, dans un passage de notre précédent travail que l'on n'a pas même essayé de combattre, et que nous reproduisons ici :

« Lors donc qu'une mesure nouvelle tend à rétablir l'ordre naturel des choses, il n'est pas juste de s'en plaindre. Dunkerque, Nantes, Bordeaux surtout, fournissaient autrefois de denrées coloniales tout le nord de la France et le bassin de la Seine. Lorsque le Havre, ville presqu'ignorée jusqu'alors, grandit tout à coup et se substitua à ces ports pour l'approvisionnement de la

(1) *Journal du Havre*, du 8 décembre 1843.

capitale et des riches contrées qui l'environne, il eût été insensé de réclamer contre l'accroissement que prenait ce port, aujourd'hui le premier port français de l'Océan, car c'était un progrès véritable, un progrès positif que la création d'une grande ville maritime à l'embouchure de la Seine; cette création, en effet, venait combler une lacune dont souffraient les consommateurs et les populations industrielles qui avoisinent ce fleuve.

« L'Union Belge accomplirait un progrès de même nature, à l'égard des populations qui avoisinent l'Escaut et les voies de communication belges. — Au point de vue commercial, le Havre est donc mal fondé à réclamer contre cette union; mais la Belgique étant un état séparé de la France, la similitude n'est pas complète, et la question des intérêts maritimes vient se joindre ici à celle de l'intérêt commercial. — Il est impossible de scinder les choses humaines, et de n'examiner qu'au point de vue du commerce, une question qui touche en même temps à la politique : il faut donc dire que l'accroissement de la marine belge, au détriment de la nôtre, serait presque nul. Indépendamment des droits de Douanc, il existe d'autres raisons pour qu'il en soit ainsi. — Les deux grands objets d'encombrement que la marine du Havre fournit au nord de la France, sont les sucres et les cotons. Les sucres venant des colonies françaises ayant un avantage de tarif et ne pouvant pas arriver à Anvers, puisque le traité projeté n'ouvrirait pas aux Belges nos possessions d'outre-mer, il en résulterait que ces sucres alimenteraient les marchés de Lille, etc., malgré le désavantage de transports que rencontre le Havre en concurrence avec Anvers. Quant aux cotons, ils arrivent presqu'en entier par navires américains; le Havre conserverait le monopole de la vente de ceux qui sont consommés par Rouen, la Normandie, Paris, et une grande partie de l'Est de la France; pour ceux qu'Anvers enverrait dans le département du Nord, ce ne serait donc point la marine française qui en perdrait le transport; ce transport demeurerait, comme par le passé, au pavillon des États-Unis, et le seul déplacement qui aurait lieu, serait celui de quelques commissions payées jusqu'ici au Havre, et qui seraient payées désormais à Anvers.

« Cette perte, réellement minime, serait plus que compensée, pour notre grand port français, par le mouvement général qui naîtrait inévitablement de l'accroissement du marché libre ouvert à notre Commerce, mouvement qui profiterait certainement au Havre plus qu'à tout autre port de mer, à cause de sa proximité des lieux, et surtout par suite de l'activité que l'Union avec la Belgique donnerait aux fabriques de Paris, qui ont tant d'objets à fournir aux Belges, et qui prendraient une activité nouvelle, si ce pays était commercialement réuni au nôtre. » (1)

Si maintenant nous examinons la question des départements de l'Est, nous verrons que les chiffres de 88 fr. pour le prix de la voiture d'une tonne, entre Anvers et Strasbourg, et de 131 fr. pour le prix de la voiture d'une tonne entre le Havre et Strasbourg, en les prenant pour exacts, ont été posés dans le moment où existait une différence considérable dans les moyens de transports; mais cette différence tend chaque jour à s'amoindrir : le chemin de fer du Havre à Paris, d'abord, celui de Paris à Strasbourg, plus tard, viendront égaliser, tout au moins, la position des deux ports.

Mais, en supposant même que la différence signalée pût exister, le dommage qu'éprouverait le Havre trouverait une compensation dans le bénéfice que feraient les consommateurs et les fa-

(1) *De l'Union Douanière entre la France et la Belgique.* 2me publication. — 1843, pag. 13 et 14.

bricants de l'Est, qui profiteraient du rabais de 48 fr. par tonne sur le transport des denrées de consommation et des matières premières qui leur arriveraient par Anvers.

Le bas prix des objets de consommation tend à réduire le salaire, et la réduction des salaires, comme le bas prix des matières premières, constitue une économie pour le fabricant, qui lui permet de livrer à meilleur compte ses produits. Or, plus la France produira à bon marché, et plus elle étendra ses relations extérieures ; car elle sera mieux en position de lutter avec les puissances rivales sur les marchés du dehors. — Il sortirait donc, du bénéfice fait par les départements de l'Est, une compensation commerciale pour les ports de mer, tant il est vrai que le système de la liberté du commerce apporte toujours avec lui un remède aux maux apparents dont il peut être la source.

Si nous abordons maintenant le côté principal de la question, celui de l'intérêt de notre marine, nous aurons à faire remarquer que les arguments mis en avant à ce sujet sont absolument ceux de l'école prohibitioniste. — De même que nos industries privilégiées les plus avancées, les plus fières de leurs progrès, prétendent ne pas pouvoir soutenir la concurrence des industries étrangères, de même on déclare, au nom du premier port maritime de France sur l'Océan, que dès l'instant où le port d'Anvers entrera en concurrence avec le Havre, celui-ci sera complètement ruiné, et ses navires mis en vente seront achetés à vil prix par les armateurs du port rival !

En vérité, qu'est-ce donc que notre pays, s'il est réduit à cette triste condition de ne pouvoir entrer en lutte industrielle et commerciale avec aucune puissance de l'Europe, sans devoir succomber dans cette lutte ? — Comment, la France si grande, si belle, si fertile, si admirablement placée sur les deux mers les plus commerçantes du monde, n'a de valeur et de force que moyennant les lois protectrices? — Il faut qu'elle les invoque pour son agriculture, pour son industrie, pour son Commerce maritime! L'intelligence de ses habitants, la fertilité de son sol, son admirable climat, le génie de ses artistes et de ses industriels, l'habileté de ses commerçants et leur esprit d'entreprise, tout cela n'a de valeur que sous le bouclier de la protection douanière, et, dès l'instant où cette défense n'existe plus, il n'est pas une portion du système commercial de la France qui puisse résister même à la Belgique? — Qui ne voit que l'examen le plus superficiel, que le bon sens le plus vulgaire, suffisent pour faire comprendre l'exagération fâcheuse de ces craintes et leur peu de fondement. — Nous le disons avec confiance, il n'est au pouvoir d'aucune nation du monde de ruiner la France, ni dans son agriculture, ni dans son industrie, ni dans son commerce : notre pays a été créé dans de telles conditions de force et de vitalité, que, même au point de vue étroit des prohibitionistes, il aura toujours plus à gagner qu'à perdre dans ses relations avec les peuples étrangers. Si l'on veut pouvoir juger avec toute sûreté de l'exagération des craintes manifestées dans les écrits dont nous nous occupons, que l'on compare la situation des deux puissances dont l'une doit, dit-on, inévitablement ruiner l'autre au point de vue maritime, si on les place dans des conditions égales. — La France, en dépit de tout ce que l'on a fait pour détruire son commerce d'outre-mer, malgré les mille lois douanières, sous l'étreinte desquelles elle peut à peine se mouvoir, la France, disons-nous, est encore la seconde puissance maritime de l'Europe; elle a une marine au long-cours, bien au-dessous de ce qu'elle devrait être, sans doute, mais nombreuse et puissante encore; car elle se compose de **14,000** navires, jaugeant **600,000** tonneaux.

Le petit cabotage, le long de ses côtes, est considérable, ses ports se comptent par centaines sur l'Océan et sur la Méditerranée. — La Belgique, au contraire, n'a aucun rang comme puissance maritime; elle n'a que peu ou point de cabotage, toute sa marine marchande se composait, au 1er janvier 1842, de 147 navires, jaugeant 23,000 tonneaux environ, dont plus du tiers était construit pour naviguer sur des canaux qui traversent cette contrée, et de 88 barques de pêche (1). — Elle n'a que trois ou quatre ports, dont deux seulement ont une importance réelle.

Est-ce dans une situation semblable que l'on peut craindre, avec quelque fondement, que la marine marchande belge devienne assez puissante pour s'emparer du mouvement maritime nécessaire à l'approvisionnement de la France? Tout cet échafaudage de navires désarmés et à vendre dans le port du Havre, de matelots désertant la marine française pour alimenter la marine belge, qu'est-ce autre chose que les arguments des défenseurs de la prohibition, qui voient l'industrie, l'agriculture, le commerce français, ruinés dès l'instant où un ballot de marchandise étrangère entre dans le pays. — Que l'on nous permette ici une remarque incidente, sur un reproche qui ne s'adresse pas à la Chambre de Commerce de Bordeaux. L'écrivain Havrais prétend que les navires du Havre n'iront pas à Anvers, et que l'usage d'un pareil argument dénote la plus complète ignorance des errements de la navigation. — Nous ferons observer cependant que ce fait existe déjà, et que des navires chargés à Bordeaux, par exemple, font fréquemment leur retour au Havre. Nous ne voulons pas dire que ce fait soit avantageux pour notre marine Bordelaise; loin de là, mais nous constatons seulement qu'il existe. — Or, après l'Union

(1) Voir le tableau publié par le journal le *Précurseur* d'Anvers, intitulé : *État général de la marine marchande belge, au* 31 *décembre* 1842.

Douanière, pourquoi ce qui a lieu aujourd'hui entre notre port et celui du Havre, ne pourrait-il pas également avoir lieu entre le Havre et Anvers?

Bien loin de croire, du reste, à la diminution du mouvement maritime, sous pavillon français, par suite de l'Union Douanière, ou d'un bon traité avec la Belgique, nous croyons, au contraire, que l'accroissement de notre cabotage pourrait être la conséquence de cette mesure. Aujourd'hui, en effet, presque tout le mouvement maritime entre les deux nations a lieu par tiers-pavillon. Si donc, les navires belges et français étaient assimilés, ils feraient exclusivement ces transports eux-mêmes, et nécessairement la France, mieux fournie de matelots et de navires que la Belgique, prendrait au moins une part égale à celle-ci dans ce mouvement.

Les défenseurs de la prohibition ont bien senti que les ports de mer qui repoussaient l'Union Douanière avec la Belgique servaient leur cause, aussi se sont-ils empressés de se joindre aux efforts du Havre et de Dunkerque, et d'associer ces deux villes à leur cause.

« Le principe de la solidarité, de protection mutuelle, qui lie » entre elles toutes les branches du travail national, ont-ils dit, » est pour nous un principe sérieux, supérieur à toutes les con- » ditions d'intérêt privé. Les grands avantages qu'il présente pour » la prospérité générale du pays, ne sont pas exempts *de quelques » servitudes particulières et réciproques.* — Il y a bien d'autres in- » convénients dont les manufacturiers, en se plaçant à leur point » de vue exclusif, pourraient désirer et demander la suppression. » La protection accordée à la navigation française sur la naviga- » tion étrangère, protection dont Bordeaux profite autant qu'au- » cune ville maritime, a pour effet, par exemple, de leur faire » payer plus cher les matières qu'ils emploient et de les placer

» dans une condition d'infériorité marquée pour lutter sur les » marchés du dehors. Les a-t-on jamais vus cependant attaquer » cette protection, demander qu'elle fût abolie, soulever, en un » mot, contre l'industrie maritime, ce *tolle* implacable que, de- » puis vingt-cinq ans, Bordeaux s'obstine à faire entendre contre » la plupart des autres industries? — Non, ils savent être jus- » tes, même envers ceux qui manquent de justice et de modéra- » tion à leur égard (1). »

Nous répondrons plus tard aux reproches adressés à Bordeaux dans ce passage, bornons-nous à faire remarquer pour le moment avec quel empressement le comité prohibitioniste ouvre ses rangs aux intérêts havrais, auxquels il offre encore une fois son appui pour défendre l'*industrie* maritime.

Aux erreurs passagères commises par les écrivains qui, dans le débat, ont pris la plume au nom de ce port de mer, nous nous contenterons d'opposer l'opinion émise par une notable partie des négociants du Havre en 1835.

« Quant à notre marine marchande, disaient-ils alors, il est » certain que déjà, malgré le renchérissement que nos tarifs oc- » casionent dans la construction, le gréement et l'entretien des » navires, elle peut presque lutter avec la marine marchande » étrangère, *même sans le secours de droits différentiels*, dont le » maintien, du reste, pourrait avoir lieu sur un pied équitable, » et, pour rendre cette lutte tout-à-fait facile, il ne faudrait que » détruire l'obstacle indiqué, c'est-à-dire, réduire à des taux » convenables les droits d'entrée sur tous les matériaux étrangers » nécessaires à notre navigation (2). »

(1) *Comité central*, etc., Mémoire déjà cité, p. 19 et 20.

(2) *Rapport de la Commission commerciale du Havre à ses Commettants*, in-4°, p. 42. — De l'imprimerie de S. Faure. — Octobre 1835.

La commission du Havre était composée de MM. Th. Baltasard, négo-

Après cette déclaration, émanée du Commerce du Havre lui-même, il doit nous être permis de croire qu'il y avait, en 1835, et dans les conditions indiquées, quelques chances heureuses pour la marine française de lutter même avec les marines du Nord, de l'Angleterre et des États-Unis ; ces chances ne peuvent pas être nulles dans une lutte avec la Belgique, dont la marine ne saurait, en vérité, inspirer de crainte à aucune puissance commerciale du monde !

Si, de cet examen pris au point de vue commercial, nous examinons le motif tiré de la raison d'État, nous ferons d'abord remarquer que, pour écarter le principal argument contre leurs craintes, c'est-à-dire le manque de population maritime en Belgique (1), nos contradicteurs ont dû supposer la désertion de nos matelots sur les navires belges, désertion qui aurait lieu pour se soustraire au dur régime de l'inscription maritime. — Un peu de réflexion fera facilement comprendre que si, par impossible, un pareil résultat se manifestait, il y aurait, pour le gouvernement français, mille moyens d'y porter remède, et que ces moyens seraient d'autant plus efficaces, que l'Union Douanière aurait établi des liai-

ciant ; Ed. Bonnaffé, *id ;* Th. Brunet, *id ;* Ed. Corbière, cap. au long-cours; Joseph Clerc, raffineur ; J.-B. Delaunay, négociant; Th. La Motte, armateur-baleinier ; L. La Rue, négociant ; L. Luuyt, *id ;* Augustin Normand, constructeur de navires ; Mequillet-Wild, négociant ; Ch. Morlot, armateur, Nillus, fondeur ; Perquer père, armateur ; Wanner, négociant.

(1) Non-seulement la population maritime de la Belgique est actuellement peu considérable, mais il est même fort difficile qu'elle s'accroisse beaucoup.—La nature des côtes de ce pays rend cet accroissement à peu-près impossible. C'est le cabotage qui prépare et entretient les matelots. Or, il ne saurait y avoir de cabotage dans un pays qui manque d'atterrages-maritimes et qui fait tous ses transports par les canaux intérieurs et les chemins de fer.

sons tout-à-fait intimes entre les deux nations et leurs gouvernements. Ce qui exclut totalement l'idée que la plus faible des deux puissances pût avoir, vis-à-vis de celle qui serait devenue sa protectrice naturelle, des procédés pareils à ceux que l'on suppose.

Nous n'insisterons pas sur l'argument tiré de la *neutralité* de la Belgique, et sur l'usage qu'elle ferait de cette neutralité pour absorber notre force maritime; ce sont là des prévisions tout-à-fait en dehors de la vérité. — Nous croyons d'abord que la *neutralité* est un mot diplomatique qui ne conserve pas toute sa valeur en temps de guerre, et si nos contradicteurs ont quelques doutes à cet égard, ces doutes se dissiperont bientôt s'ils veulent bien prendre la peine de se rappeler l'histoire des puissances neutres. Puis, comment une nation pourrait-elle invoquer sa *neutralité*, lorsqu'elle y porterait atteinte elle-même en privant l'une des puissances belligérantes, du secours des matelots de cette nation, qui constituent sa force sur mer? Si le fait prévu par nos adversaires pouvait se réaliser, le premier devoir de la Belgique, dans le cas où elle voudrait que la neutralité fût respectée, ce serait de renvoyer en France tous ceux de nos marins qui auraient pris service sur ses navires.

Nous persistons donc à croire qu'il n'y a aucun danger réel, ni pour les ports de mer français, ni pour notre puissance maritime, dans la conclusion d'une Union Douanière avec la Belgique. — Les véritables dangers pour notre marine marchande et pour notre force sur mer, se trouvent dans le système des prohibitions et des protections. Tout ce qui fait faire un véritable pas en avant à la liberté du Commerce, est, au contraire, un avantage pour notre marine, et il est incontestable à nos yeux que l'Union dont il s'agit, est dans ce cas.

Pour les malheurs industriels, qui, au dire de nos principaux contradicteurs, seraient la conséquence de cet acte, nous ne saurions y ajouter foi. — A part les raisons que nous avons précédemment développées, et sans vouloir établir une comparaison absolue entre deux choses fort dissemblables, nous dirons que nous ne croyons pas plus à la destruction de l'industrie, du commerce et de la marine française, par l'industrie, le commerce et la marine belge, que nous ne croyons à la conquête de notre territoire par les forces militaires de la Belgique. — Si les procédés d'invasion sont différents dans les deux cas, il n'en demeure pas moins vrai que la disproportion entre les forces productives des deux pays est au moins égale à celle qui existe entre leurs forces agressives, et que, dans le temps où nous vivons, en industrie, comme en guerre, les gros bataillons ont toujours un avantage dans la lutte.

§. VI.

Réclamations des Houillères

Nous avons essayé, dans les deux Mémoires publiés par nous, en 1841 et en 1843, de faire ressortir les avantages qui résulteraient, pour la France, de la possibilité d'augmenter ses approvisionnements de houille, en s'adjoignant commercialement la Belgique.

Tous nos contradicteurs, dans la question de l'Union Douanière, n'ont pas essayé de réfuter ce que nous avons dit sur ce point; l'un d'eux, qui, sans doute, a prononcé sur notre travail sans l'avoir lu, a même prétendu que nous avions *écarté purement et simplement, de notre examen, les houilles et les bois* (1).

(1) *Constitutionnel* du 16 octobre. 1843.

D'autres ont vu, dans l'introduction des houilles belges, la ruine de toutes nos houillères, et principalement de celles du Nord, et tous ont paru surtout préoccupés de l'étrange crainte de voir baisser le prix de ce précieux combustible (1).

Examinons encore une fois la valeur de ces objections :

On nous permettra d'abord de ne pas faire grand état des efforts que l'on a tentés pour nous mettre en contradiction avec nous-mêmes, lorsqu'on a prétendu que, d'un côté, nous voulions *l'asservissement le plus complet de la France en face de l'étranger*, en exprimant le désir que les houilles fussent admises sans doute à l'entrée, par toutes les frontières, pendant que, d'une autre part, nous demandions « s'il était prudent pour la France de consentir » à dépendre exclusivement, pour cette marchandise de première » nécessité, de la bonne volonté de l'Angleterre ; du bon vouloir » d'un gouvernement qui, malgré une longue alliance, est cependant en rivalité avec nous, aux points de vue commercial et » maritime (2). »

Sur quoi l'on nous a répondu : « Comment ne comprend-on » pas que ce qui est vrai en parlant de l'Angleterre, l'est également en parlant de la Belgique? Du moment que la dépendance » est un danger, pourquoi dépendre de la seconde plutôt que » de la première ? (3) »

Il y a, dans ces reproches, à peu près autant d'erreurs que de mots. — L'*asservissement* de la France à l'étranger, parce qu'elle

(1) *Journal de Lille*, 20 octobre 1843. — *Compte rendu des travaux du Comité des intérêts métallurgiques*, n° 14. — Paris, librairie de Mathias, in-8°, pag. 9. — *Comité central*, etc., Mémoire déjà cité, pag. 7 et 25, 26, 27, 28, 29.

(2) *De l'Union Douanière*, etc., 2me publication pag. 17.

(3) *Comité central*, etc., pag. 26.

achèterait une partie des houilles dont elle à besoin en dehors de son territoire, est l'une de ces hyperboles familières aux défenseurs de la prohibition. Mais, évidemment, nos contradicteurs n'ont pas voulu comprendre le sens de nos paroles, lorsqu'ils ont formulé l'accusation que nous venons de rapporter. Qu'avons-nous dit, en effet? Qu'en thèse générale, l'entrée, sans aucune espèce de droit, de la houille, était une chose désirable, parce que la houille est, suivant l'expression des manufacturiers eux-mêmes, *le pain de l'industrie* (1). — Ce que nous avons dit là, nous le maintenons en entier, et il faudrait être bien aveuglé par des intérêts particuliers pour pouvoir soutenir l'opinion contraire. — Nous avons rappelé la fâcheuse rivalité qui a existé et qui malheureusement existe quelquefois encore entre nos intérêts et ceux de l'Angleterre. — Eh bien! si, pour des motifs puisés dans l'intérêt mal entendu de ses manufactures, l'Angleterre prohibait la sortie des houilles, en les frappant de forts droits; si, par suite de troubles et de coalitions industrielles (2), l'exploitation des houillères anglaises diminuait, ou si les possesseurs de ces mines augmentaient le prix de leur combustible, ne vaudrait-il pas mieux avoir des ressources toutes prêtes en Belgique pour alimenter notre littoral, que d'être privé de cette matière première indispensable à notre industrie et à notre navigation? N'est-il pas vrai que la dépendance est diminuée chaque fois que l'on peut s'adresser à deux acheteurs, au lieu de devoir recourir à un seul? Quant à la comparaison établie entre le danger de dépendre de l'Angleterre ou celui de dépendre de la Belgique, on nous permettra de

(1) Voir aux pièces justificatives n° 8 la lettre de la Chambre de Commerce d'Arras.

(2) Ces faits se sont déjà produits en 1844.

ne pas accepter la similitude entre ces deux puissances ; c'est une de ces choses qui n'ont pas besoin de réfutation et qu'il suffit d'énoncer pour que chacun en comprenne bien le peu d'exactitude.

Mais au reproche d'avoir voulu *asservir* la France à l'étranger, pour la consommation de la houille, se joint un reproche bien plus grave aux yeux de nos contradicteurs, c'est celui d'avoir demandé la suppression complète du droit sur les houilles, et d'avoir voulu ainsi ruiner peut-être toutes nos houillères, et bien certainement celles du bassin de Valenciennes ! (1)

Nous n'avons jamais caché nos principes en matière de production : nous sommes parfaitement convaincus qu'une marchandise qui coûte plus que le prix auquel elle est cotée sur les marchés étrangers, avec l'augmentation des frais de transport et d'un *droit fiscal*, est une marchandise qui se vend plus qu'elle ne vaut, et que le pays n'a aucun intérêt à produire. Si donc les houillères de Valenciennes étaient dans de telles conditions, nous dirions qu'il faut, sans doute, laisser aux capitaux engagés, le temps de se retirer sans trop de dommages ; mais que l'intérêt du pays est d'acheter ailleurs le combustible dont il a besoin. — Fort heureusement pour les possesseurs de ces houillères, c'est là une hypothèse toute gratuite, et leur situation, ainsi que nous le prouverons, est loin d'être aussi précaire que veulent bien le dire les défenseurs de la prohibition.

Les houillères de Valenciennes, ainsi que celles du reste de la France, sont dans un état de prospérité que nos adversaires constatent eux-mêmes, puisque leur production, qui n'était que de

(1) *Comité central*, etc., Mémoire déjà cité, pag. 25 à 29.

8,800,000 quintaux métriques en 1815, s'est élevée, en 1841, à 34 millions de quintaux, et cela malgré la diminution des droits sur les houilles étrangères qui arrivent par mer. — Le refoulement que nos adversaires prétendent devoir s'exercer par suite de l'entrée des houilles belges, et qui doit d'après eux réagir de proche en proche et se communiquer aux bassins les plus éloignés (1), ne s'est nullement manifesté par suite de l'entrée des houilles anglaises qui, en conséquence des lois de 1836 et de 1841, a pris une extension immense sur tout le littoral. —Le seul effet produit par cette grande importation a été de permettre, à un nombre considérable d'industriels et d'artisans, d'employer ce combustible, dont les frais de transport des houillères françaises aux lieux de consommation, élevaient le prix à un taux qui ne leur en permettait pas l'emploi. — Cette importation a donc été un véritable bienfait pour les consommateurs et n'a porté aucun tort aux propriétaires de houillères, car leur production, qui n'était, en 1835, que de 25 millions de kilog., s'est élevée progressivement jusqu'à 34 millions, en 1841, d'après les chiffres mêmes de nos contradicteurs.

Ce que l'importation anglaise n'a pu faire, il n'est pas à croire que l'importation belge le fasse, du moins pour les houillères autres que celles qui composent le bassin de Valenciennes. Examinons donc la situation de celles-ci vis-à-vis de leurs concurrents de Mons, et voyons si leur ruine est le moins du monde à craindre :

« Les houilles du Hainaut, dit un écrivain qui a publié un ex-
» cellent travail sur le sujet qui nous occupe, se sont constam-
» ment rencontrées, depuis un siècle, avec celles d'Anzin, sur les

(1) *Comité central*, etc., Mémoire déjà cité, pag. 28.

» marchés français, avant 1793, malgré un droit élevé que cette » époque explique, et de 1793 à 1814, sans aucune autre charge » que celles qui résultaient de leur position excentrique par rap- » port à Anzin et Paris. Pendant cette dernière période de 22 » ans, la prospérité de Saint-Etienne, de Blanzy, de Brassac, de » Décise et d'Anzin, a toujours été croissant, comme celle de » Mons, comme l'activité de notre industrie, effet et cause à la » fois de ce mouvement. La consommation, en 1813, dans les » bassins de la Basse-Seine, de la Somme et de l'Escaut, embras- » sant dix de nos plus beaux départements, s'élevait à 5,000,000 » de quintaux, dont 2,000,000 au moins provenant du départe- » ment de Jemmapes. Elle s'élève aujourd'hui à 8,000,000. Au » jourd'hui les produits des divers établissements entrent dans » cette masse à peu près dans les mêmes proportions qu'en 1813, » car tout se tient dans les arts industriels, les progrès de l'un » servent les progrès de l'autre. Cette expérience de 22 années » d'existence sous les mêmes lois, et ces progrès annuels, prou- » vent évidemment que la libre concurrence ne peut pas plus nuire » aux établissements du Midi (c'est-à-dire à ceux de Valenciennes qui sont au sud de Mons), que les restrictions, les taxes et les » entraves ne peuvent nuire aux extracteurs des houilles flam- » boyantes du bassin de la Hayne (1). »

On voit que l'état de choses qui serait produit par l'Union Douanière avec la Belgique ou par la suppression totale du droit de douane dont les houilles sont frappées, ne créerait pas une situation absolument nouvelle, mais rétablirait simplement un

(1) *Mémoire sur la nécessité de modifier la législation des Douanes en général et en particulier les lois sur les houilles*, par Pichault de Lamartinière.—In-4°. — Paris, imprimerie de Carpentier-Méricourt.—Pag. 16.

état de choses qui a déjà existé pendant vingt-deux années sans avoir porté la moindre atteinte à la prospérité des houillères d'Anzin.

Nous ne voulons pas, à cet égard, être crus sur parole, et nous allons invoquer une autorité que ne récuseront pas, sans doute, nos contradicteurs, celle de la Chambre consultative de Valenciennes. Voici comment cette chambre s'exprimait en 1821, dans un Mémoire adressé aux ministres de l'intérieur et des finances, pour obtenir la réduction du droit sur les houilles belges.

« Le préjudice notable que la perception de ce droit exorbitant » apporte à l'industrie nationale, disait cette chambre, nous pa- » raît, par son importance majeure, devoir fixer l'attention du » Gouvernement.

» Sans doute, les divers établissements des mines françaises ont » droit à une protection toute particulière. Celles d'Anzin sur- » tout méritent sa sollicitude par l'éclat que ses opérations répan- » dent sur le commerce de ce pays ; mais cette protection ne doit- » elle pas s'arrêter lorsqu'elle vient froisser l'intérêt général ?

» La compagnie d'Anzin elle-même peut-elle, sans craindre » d'être taxée d'égoïsme, profiter de son influence pour faire » maintenir ce droit ? Peut-elle, sans craindre d'être accusée d'un » monopole coupable, insister sur ce point, lorsqu'elle sait que » beaucoup de manufacturiers ne s'y approvisionnent pas, soit » parce qu'elle ne vend son charbon qu'en le mélangeant, soit » parce qu'elle ne saurait suffire aux nombreuses demandes qui » lui sont faites.

» La perception du droit de 33 c. profite aux mines d'Anzin » seules, au détriment des usines et des manufactures de ce pays, » et, par conséquent, au détriment de l'industrie nationale. Pour » s'en convaincre, il suffit d'examiner préalablement si les mines » d'Anzin et d'Aniche, près Douai, peuvent extraire suffisam-

» ment de charbon pour la consommation de la majeure partie » du nord de la France, et, en supposant qu'elles le puissent, si » leur charbon est propre à l'action de toutes les usines?

» Il est impossible de révoquer en doute que les mines d'Anzin » et d'Aniche ne peuvent suffire à la consommation des départe- » ments du Nord, du Pas-de-Calais, de l'Asine, de la Somme de » l'Oise, de la Marne, de la Seine, de l'Eure et de la Seine-Infé- » rieure. La preuve en est palpable; avant la séparation de la Bel- » gique de la France, on consommait, dans ce département, » 4,500,000 hectolitres de charbon par année, savoir : 2,500,000 » environ, provenant des houillères belges, et 2,000,000 prove- » nant des houillères d'Anzin et d'Aniche. Depuis, profitant de » tous les avantages de sa position, la compagnie d'Anzin, au » lieu d'extraire 1,800,000 hectolitres de charbon par an- » née, est parvenue, en travaillant, pour ainsi dire jour et nuit, » à extraire 2,500,000 hectolitres, c'est-à-dire, 700,000 hecto- » litres de plus annuellement, ce qui ne fait encore que le quart de » la consommation ordinaire, consommation qui s'est singuliè- » rement augmentée depuis l'invention des machines et ba- » teaux à vapeur, et qui probablement s'accroîtra encore à chaque » année.

» En supposant aussi que la compagnie des mines d'Anzin, » continuant à extraire avec tant de prodigalité des trésors qu'elle » exploite, sans craindre de les épuiser jamais, puisse parvenir » à suffire aux besoins des consommateurs, n'est-il pas généra- » lement reconnu que les charbons d'Anzin sont beaucoup moins » propres à l'action de la plupart de nos usines et fabriques? » N'est-il pas physiquement reconnu que, pour la fabrication de » la chicorée-café, pour celle des clous, pour la forgerie, pour » les verreries, et notamment pour les opérations les plus difficiles

» de la teinture, il faut un feu ardent, égal, ainsi qu'une flamme » rapide et constante?

» N'est-il pas généralement reconnu que les charbons belges et » anglais ont spécialement cette propriété; notamment le char- » bon dit *flinn* et les *fines forges* du ci-devant canton de Dout?

. . . .

» La réduction du droit dont il s'agit, continuait la Chambre » de Valenciennes, ne pourrait, sans doute pas arrêter, ni même » entraver la prospérité de la compagnie d'Anzin, et nous al- » lons le démontrer par des chiffres :

» En effet, la compagnie d'Anzin a extrait, de 1810 à 1812, » année commune,

	hectolitres ou quintaux métriques.
» Forges gailleteuses.	1,620,000
» Gros charbons.	180,000
» Total.	1,800,000 hect.

» Le prix commun alors était, pour les forges gailleteuses, » de F. 1 45 c. l'hectolitre, et pour le gros charbon de » F. 2 50 cent. Le produit brut était donc, à cette époque, pour

» les forges gailleteuses, de. . . . . F.	1,349,000
» et pour le gros charbon de.	432,000
Total de la recette.	1,781,000
» Maintenant déduisant les frais d'extrac- » tions qui, calculés en raison de 65 cent. par » hect., produisent un total de.	1,170,000
» Il restait, par conséquent, de bénéfice net » chaque année, à la compagnie d'Anzin. .	1,611,000

» Certes, de pareils bénéfices sont de nature à placer l'établis- » sement des mines d'Anzin hors des atteintes de la rivalité.

» De pareils résultats, obtenus dans un temps où le charbon » belge circulait librement en France, auraient dû satisfaire les » actionnaires de la compagnie d'Anzin ; mais profitant de leur » position topographique, ils ont usé de tous leurs avantages avec » une effrayante activité, et leur influence les a conduits insensi- » blement à des bénéfices aussi considérables pour eux, qu'oné- » reux pour les consommateurs.

» En 1814, ils parvinrent à faire imposer un droit de 11 cent. » par quintal métrique sur les charbons belges qui s'introdui- » saient par le département du Nord ; lorsque, dans l'intérêt gé- » néral, ce droit n'eût dû être que de 0,05 cent., considéré comme » droit de balance. Et ici, Monseigneur, qu'il nous soit permis de » citer, pour exemple, le Gouvernement belge, qui, ayant re- » connu que les charbons de ses mines (à l'entière consommation » desquelles il ne peut suffire) étaient imposés à l'action des chauf- » feurs de Tournai et d'Ath, qui réclamaient de préférence l'usage » des charbons de Fresms et Vieux-Condé, autorisa l'importation » de ce charbon en Belgique, moyennant un simple droit de ba- » lance, c'est-à-dire, 5 cent. par quintal métrique (1).

» En 1815, la compagnie d'Anzin alla beaucoup plus loin; elle » obtint pour cette fois, non-seulement de faire fixer le droit à » 33 ans, mais elle augmenta aussi le prix de ses charbons, et » diminua le comble de sa mesure.

» Comparons maintenant ce qu'était la compagnie d'Anzin » avant l'imposition de ce droit, avec ce qu'elle est aujourd'hui.

(1) Quelque temps après la publication de ce Mémoire, le roi Guillaume, pour se venger de l'élévation de nos divers tarifs, porta le droit sur les houilles françaises à F. 17 80 par tonneau, ce qui équivalait à une prohibition absolue.

» Elle extrayait autrefois un million huit cent mille quintaux » de charbon par année; elle en extrait aujourd'hui, au moins, » deux millions cinq cent mille.

» Elle faisait payer autrefois son charbon 1 fr. 45 c.; on le » paie aujourd'hui, 1 fr. 55 c.

» Elle divisait autrefois son charbon en bons et mauvais, li- » vrait au commerce les premiers, et vendait à très-bas prix les » seconds. Aujourd'hui elle mélange le tout, et n'a qu'un seul » prix.

» Elle se servait autrefois d'une mesure plate, dite *manne*, qui » contenait au moins un douzième de plus que l'hectolitre ou » quintal métrique. Elle se sert aujourd'hui exclusivement de » cette dernière mesure; ensorte que, par le seul fait de la substitu- » tion de *l'hectolitre* à la *manne*, elle a augmenté ses bénéfices de » plus de 8 p. 100.

» De 1810 à 1812, cette compagnie faisait chaque année un

» bénéfice net de.	F. 1,611,000
» Elle gagne aujourd'hui.	2,862,500
» Ce qui fait aujourd'hui une augmentation » de.	1,251,500

» Par suite de ces bénéfices énormes, il est constant que les » actions de cette compagnie ont triplé de valeur.

» Ce serait à tort que la compagnie d'Anzin viendrait dire que » l'exploitation de ses mines, à cause de la profondeur, exige plus » de frais d'exploitation que celles de la Belgique. Les tableaux » de comparaison prouvent évidemment que la profondeur des » fosses de la Belgique est au moins égale à celle d'Anzin, et que

» le prix des journées et du bois nécessaires à l'extraction, sont » plus élevés (1).

Ces renseignements, émanés du corps commercial le mieux placé pour les donner avec certitude, excluent complètement les craintes manifestées par nos contradicteurs. — L'extraction des houilles d'Anzin n'ayant fait que croître depuis cette époque, les bénéfices de cette houillère ont dû suivre la même progression ; et si l'on avait pu concevoir quelques craintes sur l'avenir de ces mines, la lecture du Mémoire de la Chambre de Commerce de Valenciennes les dissiperait complètement. — Le droit moyen payé par les houilles belges étant, en effet, de 33 c. (2). En supposant que la suppression de ce droit opérât une baisse égale sur le prix de la houille, le bénéfice d'Anzin, si, par impossible, la production ne s'était pas accrue depuis 1821, resterait de 2,000,000 fr. par an, et donnerait encore un beau revenu à ses heureux propriétaires.

Maintenant que nous avons détruit toute appréhension sur l'avenir de ces houillères, qu'il nous soit permis de dire que c'est une accusation bien mal fondée que celle qui nous a été adressée sur ce sujet. — Tout ce qui peut amener une baisse sur le combustible, en réduisant les profits énormes que font aujourd'hui les possesseurs de mines de charbon et de forêts, est non-seulement un avantage pour le consommateur, et surtout pour le consommateur pauvre, mais encore un moyen puissant d'encourager l'in-

(1) *Mémoire présenté à LL. EE. les ministres de l'intérieur et des finances par la Chambre consultative du Commerce de Valenciennes.* — Octobre 1821. — Imprimé à la suite du Mémoire de M. Pichault de Lamartinière, cité plus haut. — In-4°, pag. 48 à 51.

(2) 50 c. de la mer à Halulim, et 15 c. à partir de ce point.

dustrie que l'on nous accuse si mal à propos de vouloir détruire. Il entre en France environ 10 millions de quintaux métriques de charbon belge; ces charbons, si on prend la valeur du droit en moyenne, ont payé deux à trois millions de droits de douane à la charge des industries qui les consomment; serait-ce donc un si grand malheur que *le travail national* ne fût pas grevé de cette dépense inutile? — Nous savons bien que l'on explique l'utilité de cette dépense par le système de *solidarité* entre toutes les industries françaises ; mais en attendant que nous attaquions au cœur cette prétendue solidarité, disons qu'il est au moins singulier de prétendre que le bonheur d'un peuple et son aisance résultent du renchérissement de tous les objets qu'il consomme, et de la protection douanière qui monopolise la consommation nationale au profit de certains producteurs!

§ VII.

Réclamations des Maîtres de Forges et des Propriétaires de Forêts.

Lorsque nous entreprîmes d'écrire l'histoire de la protection accordée aux maîtres de forges (1), nous avions pour but de montrer par quelle série d'assertions erronées, de prétextes sans fondement, de promesses toujours demeurées sans exécution, s'est établie la domination réelle, que l'industrie métallurgique et les

(1) Voir notre Mémoire intitulé : *De l'Union Douanière*, etc,, 2me publication, pag. 19 à 135.

propriétaires de forêts exercent sur tout notre système industriel et commercial. Nous avons démontré, d'une manière incontestable, par des citations empruntées aux écrits des maîtres de forges eux-mêmes, aux documents officiels extraits du *Moniteur*, qu'aucune des assertions mises en avant ne s'est réalisée; que de toutes les promesses faites, pas une n'a été tenue. A cette démonstration nous avons ajouté la preuve par le raisonnement que les motifs empruntés à la nécessité d'avoir du fer pour se défendre, au nombre d'ouvriers employés à la production du fer, etc., étaient, ou sans fondement, ou singulièrement exagérés. A tout cela on a répondu d'une façon si peu concluante, que nous devons nous borner à faire ressortir, en peu de mots, le manque de valeur des réponses qui nous ont été faites et les contradictions dont elles sont pleines.

« Les producteurs de fer, dit-on, ont tenu leurs engagements, » si la baisse du prix n'a pas été aussi rapide, ni aussi importante que certains intérêts auraient pu le désirer, la cause » doit en être cherchée, *non dans un vice organique de l'industrie* » *elle-même*, non dans les profits intolérables qu'on accuse les » maîtres de forges d'avoir voulu réaliser, mais dans la hausse » persistante du prix de la matière première et surtout dans » l'imperfection des voies de communication (1).

Examinons la première prétention : L'industrie du fer, a-t-on dit, répond par ses actes aux besoins du pays, les producteurs de fer ont tenu leurs engagements.

Quand nous avons avancé que les fers au bois n'avaient pas subi de baisse considérable depuis 1814, nous avons cité nos auteurs: c'étaient d'abord M. Louis, ministre des finances, déclarant *qu*

(1) *Comité central*, etc. Mémoire déjà cité, pag. 56.

les usines françaises ne pouvaient fournir le fer en barre, en 1814, *au-dessous de* 50 *fr. le quintal métrique* (1); puis M. Talabot qui, dans un rapport de 1842, déclarait que certaines qualités de fer valaient encore 50 fr. les 100kilog. (2). Au lieu de démontrer que nos citations étaient inexactes, on a comparé les prix de 1826 avec ceux de 1841 et de 1843; ce qui ne prouve nullement que le prix du fer ait baissé depuis 1814 et 1816; ce qui ne détruit en aucune façon l'assertion de notre précédent Mémoire, basée sur la comparaison du discours de M. Louis, en 1814, et du rapport de M. Talabot en 1842.

« Les prétentions excessives de l'administration des forêts, ont » empêché, disent nos contradicteurs, la baisse de la matière pre- » mière, c'est-à-dire du combustible, pour les forges au bois.» — Mais n'est-il pas bien évident que le monopole, accordé aux fers français, est la cause principale de la hausse des bois? — Par quel singulier enchaînement d'idées arrive-t-on à conclure de là qu'il faut perpétuer l'état de choses actuel? — Ne voit-on pas que la rareté des bois tend à augmenter chaque jour; que cette rareté rend les propriétaires de forêts maîtres des marchés conclus entre eux et les usines métallurgiques travaillant au bois; que la conséquence de ces faits, c'est le partage des bénéfices résultant de l'exclusion des fers étrangers entre les propriétaires de forêts et les fabricants de fer à la houille. Les maîtres de forges travaillant avec le combustible végétal, sauf quelques heureuses exceptions, sont dans une position peu avantageuse; mais leurs usines servent à un double but: d'abord, à

(1) *Moniteur Universel*, séance du 20 août 1814.

(2) Conseil général des manufactures, session de 1841. — Tarif des fers. — Rapport de la commission, pag. 8.

enrichir outre mesure les détenteurs de bois, puis à maintenir, par le prix de revient excessif de leurs produits, les prix généraux du fer, et à permettre par conséquent aux usines travaillant à la houille de réaliser des bénéfices immenses aux dépens de la population tout entière et de la masse des *travailleurs nationaux*.

Si, comme le prétendent nos contradicteurs, ces bénéfices n'étaient pas réels, verrait-on le prix des actions de ces usines se doubler et se quadrupler même? Pour en citer un seul exemple, les actions des forges de la Loire et de l'Ardèche dont le taux nominal est de 5,000 fr., seraient-elles cotées 18,550 fr. à la bourse de Lyon (1), si cette usine ne donnait pas d'énormes revenus? C'est une véritable dérision de dire que la baisse des bois annoncée par le ministre des Finances en 1814, sur les assertions des maîtres de forges, ne s'étant pas réalisée, ceux-ci ont le droit de faire maintenir les lois exorbitantes établies à cette époque. Parce qu'il y a trente ans, sur la foi de fausses prévisions, on a exclu les fers étrangers, n'est-il pas bien singulier que l'on veuille se faire un droit de ces indications erronées elles-mêmes, pour obtenir la continuation d'une protection abusive, si contraire aux véritables intérêts de la France?

Nous l'avons déjà dit dans notre précédent travail sur cette question, la baisse des bois ne pourrait avoir lieu que par la concurrence des fers étrangers, la réduction de prix opérée sur ce métal, mettrait alors les producteurs du combustible dans la nécessité de réduire leurs prix ou de rester sans acheteurs.

Quant à l'imperfection de nos voies de communication, les

(1) Bourse de Lyon. — Cours des valeurs industrielles du 3 octobre 1845, inséré dans le Journal *Le Rhône* du 7 octobre.

moyens de transport vont s'améliorant chaque jour, et nous l'avons déjà fait remarquer, si l'on admettait un pareil motif, ce serait une fin de non-recevoir absolue, car jamais les usines métallurgiques ne se regarderaient comme suffisamment desservies, et, par conséquent, elles auraient toujours la même raison de s'opposer à tout abaissement de tarif.

Nos contradicteurs affirment « qu'il est démontré que des motifs de premier ordre imposent à la France l'obligation de se soustraire » au monopole étranger, pour l'approvisionnement d'un produit » qui est tout à la fois le nerf de la paix et le nerf de la guerre. »

C'est là une assertion sans valeur, un de ces arguments retentissants et creux que l'on adopte quelquefois en France sans se donner la peine de les examiner au fond. — Nous ferons remarquer, pour toute réponse, que cette assertion ne détruit en rien ce que nous avons avancé sur ce point, à savoir :

1° Qu'avant 1789 les usines à fer prospéraient en France, bien que leurs produits fussent grevés d'un *droit de marque* supérieur au droit de douane payés par les fers étrangers;

2° Que, dans les guerres sanglantes de notre première révolution, nous avons mis sur pied *quatorze armées* qui n'ont jamais manqué de fer, quoique l'entrée des fers étrangers fût permise depuis un grand nombre d'années;

3° Qu'un écrivain prohibitioniste, M. Ferrier, aujourd'hui pair de France, a avancé que si nous ouvrions nos ports à l'Angleterre, un seul jour, elle nous enverrait du fer pour *quatre ans*, ce qui exclut complètement la possibilité de manquer jamais de ce métal pour nous défendre;

4° Que ce risque de manquer de fer est d'autant moins à redouter, que la consommation des armées et des flottes, bien qu'elle soit considérable en elle-même, est fort peu de choses comparativement à l'immensité de la production.

Il eût donc été plus concluant, pour nos adversaires, de discuter tous ces points et de démontrer leur fausseté, que de poser de nouveau des assertions sans preuves.

Nous ajouterons que l'histoire ne présente pas un seul exemple d'un peuple indépendant, c'est-à-dire n'ayant point encore subi le joug de la conquête, qui ait été subjugué faute d'armes pour se défendre; et si un pareil fait ne s'est manifesté, ni dans l'antiquité, ni dans le moyen-âge, il est fort peu à redouter qu'il puisse se produire aujourd'hui, avec notre Commerce étendu et la facilité extrême des communications intérieures et internationales.

Nous éprouvons quelque embarras, nous l'avouons, à combattre sérieusement, des arguments dont la faiblesse et la puérilité nous semblent si évidentes, et nous regrettons que nos adversaires croient utile à leur cause de se servir de moyens d'une valeur aussi infime!

« Peu importe, disent nos contradicteurs, que le nombre des » ouvriers employés dans les diverses ramifications de l'industrie » qui produit le fer, soit de 120,000 ou de 200,000; ce qui est » certain, c'est qu'ils constituent une des classes les plus importantes parmi les travailleurs français, et qu'il serait insensé de » leur enlever les salaires qui les font vivre eux et leurs familles.»

Nous croyons qu'il importe beaucoup de connaître le nombre des ouvriers employés par l'industrie métallurgique, car c'est l'un des arguments que font valoir, depuis plus de trente ans, les chefs de cette industrie, pour établir leur droit à la protection dont ils jouissent à nos dépens. —Ce nombre n'est, ni de *cent vingt mille*, ni de *deux cent mille;* il est de *quarante six mille :* c'est l'administration des mines elle-même qui l'a établi dans son rapport de 1840.

Nous ne savons pourquoi les forgerons seraient regardés comme l'une des classes les *plus importantes* parmi les travailleurs français; nous ne voyons aucun motif raisonnable de considérer un homme qui travaille le fer, comme plus important que celui qui bêche la vigne, que celui qui construit les barriques, qu'un matelot, ou un ouvrier en soie. — Est-ce de la consommation hyperbolique des vins, que l'on prétend être faite par cette classe, que l'on veut faire découler cette importance? — Mais on nous permettra de faire remarquer que le chiffre de 500,000 hectol., par année, auquel on élève cette consommation, n'est appuyé par aucune preuve; en admettant le nombre de 200,000 ouvriers, auquel nos contradicteurs ont, fort à tort, élevé la quantité d'ouvriers employés dans les forges, ce serait pour chacun d'eux, 2 hectol. 50 lit., soit plus d'une barrique bordelaise; en réduisant ce nombre à 120,000 ouvriers, on aurait plus de 4 hectol., ou près de deux barriques par ouvrier; et enfin, en s'en tenant au nombre réel de ces travailleurs, c'est-à-dire à 46,000, il faudrait que chacun d'eux consommât 11 hectol., ou près de cinq barriques de vin, pour arriver à ce chiffre fabuleux de 500,000 hectolitres!

L'*importance* des ouvriers forgerons n'est donc pas un argument plus sérieux que celui tiré de la nécessité d'avoir des forges protégées par les lois de douanes, pour défendre le sol de la patrie!

« La prime de trente et un millions de francs, annuellement » payée par les consommateurs français aux forges du pays, est, » disent nos adversaires, une de ces allégations vides de sens, à » l'aide desquelles on abuse que les gens qui ne se donnent pas la » peine de réfléchir (1). »

(1) Comité central, etc. — Mémoire déjà cité, pag. 57.

Cette attaque ne s'adresse point à la Chambre de Commerce de Bordeaux, mais à la Commission d'enquête de 1829, à laquelle nous avons textuellement emprunté les chiffres et les termes de l'allégation que l'on critique. — Cette Commission se composait de MM. le baron Portal, le baron Pasquier, pairs de France, ministres d'État; duc de Fitz-James, baron de Barante, comte d'Argout, comte de Tournon, comte de Kergariou, pairs de France; de Berbis, Humann, Pardessus, Oberkampf, Duvergier de Hauranne, Jacques Lefèvre, Gautier, membres de la Chambre des Députés; baron de Fréville, conseiller d'État; Filleau de Saint-Hilaire, directeur de la division des colonies au ministère de la marine; Deffaudis, chef de la division des affaires commerciales au ministère des affaires étrangères; David, administrateur des douanes. — Le rapporteur de cette Commission était M. le baron Pasquier, aujourd'hui chancelier de France, et c'est se hasarder beaucoup, que de lancer une accusation aussi acerbe et aussi tranchante que celle que nous venons de rapporter, contre une pareille réunion d'hommes!

Cette accusation est d'autant plus étrange, que la Commission dont il s'agit, bien loin d'être hostile à l'industrie métallurgique, se montra constamment animée de la plus grande bienveillance pour elle, car, tout en établissant la réalité de cette surcharge de 31 millions, supportée annuellement par les consommateurs français, elle chercha à atténuer l'effet de cette incontestable vérité, en détaillant minutieusement les effets peu sensibles, à son avis, qu'elle produisait pour chaque industrie (1).

(1) Ministère du Commerce et des Manufactures. — *Enquête sur les fers*, in-4°, pag. 290 et 291.

Mais ces détails, qui avaient pour but évident d'atténuer le résultat que révélait cette enquête, ne pouvaient cependant effacer les conséquences que chacun devait en tirer, et que nous avons exposées nous-mêmes. Il importe peu que la France ait payé en détail ou en bloc, l'énorme somme de trente-un millions par an, que l'industrie métallurgique lui a coûté (1); de quelque manière que cette somme ait été supportée, il n'en demeure pas moins certain que le capital national serait augmenté d'un milliard depuis trente ans, si nous avions acheté au dehors le fer que nous avons acquis dans les usines françaises.

Nous le savons, dans le système de nos adversaires, ce raisonnement n'est pas exact; ils prétendent que le capital national n'est point diminué par le haut prix des denrées; que les travailleurs nationaux profitent de cette élévation du taux des produits, etc., etc. — L'on nous permettra de répondre à ces assertions, par une citation qui explique, avec une merveilleuse clarté, tout le mécanisme du système protecteur.

« Voici comment opère le système protecteur :

» L'industrie qui réclame protection dit au Gouvernement :

» L'objet que je produis me revient à 50 fr.; je ne puis vendre,
» car l'étranger offre à 30 fr.

» Eh bien! répond le Gouvernement, je vais mettre 20 fr. de
» droits sur le produit étranger, et vous serez au pair.

» Cela ne me suffit pas, répond l'industrie, car je ne gagnerai

(1) L'accroissement considérable de la consommation du fer et la baisse qui a eu lieu dans les pays étrangers sur ce métal, depuis 1829, ont dû faire croître singulièrement la perte annuelle de la France, d'autant plus, que la Commission d'enquête avait calculé la perte dont il s'agit, au taux le plus bas.

» rien. Mettez 30 fr. de droits. Alors le produit étranger reviendra à 60 fr., le mien à 50 fr.; je vendrai à 55 fr.; à ce cours, » je gagnerai 5 fr., et l'étranger ne pourra vendre, car il perdrait » 5 fr. s'il donnait à mon prix.

» Voilà tout le mécanisme du système protecteur.

» Or, dans cette hypothèse, sur les 30 fr. de taxe, que gagne » l'industriel protégé? — Il gagne 5 fr. seulement.

» Que perd le consommateur? — Il perd 25 fr., puisqu'il paie » 55 fr. ce qu'il aurait acheté de l'étranger à 30 fr., sans la taxe.

» Le consommateur perd 25 fr., l'industriel protégé gagne » 5 fr. Différence *en perte pour le pays*, 20 fr.; plus, *le travail de* » *ses ouvriers;* n'eussent-ils, différemment employés, produit » qu'une valeur nette de 5 fr., c'eût été 5 fr. d'acquis pour la » France.

» On objecte que sur les 25 fr. perdus par le consommateur, » 20 fr., qui représentent le coût de la production nationale en » sus du coût de la production étrangère, ont été employés à faire » vivre les ouvriers français, dont l'industriel a soldé le travail. » Mais cela ne change rien à la question; car, si le consommateur » n'eût pas été dépouillé de ces 20 fr. par l'industriel privilégié, » il aurait bien su les employer lui-même en achats, en divers » travaux, et les ouvriers en auraient également profité.

» Il en eût été de même du bénéfice de 5 fr. qu'on l'a forcé de » payer à un industriel maladroit.

» On voit donc que, dans ce système absurde, le pays perd » infiniment plus que l'industriel privilégié ne peut gagner (1);

(1) « C'est à quoi il faut faire principalement attention. Beaucoup de gens pensent que ce que le consommateur perd est gagné par l'industriel protégé. C'est, comme on le voit, une immense erreur. L'industriel pro-

» de sorte que lorsque la protection s'exerce sur un produit dont » la consommation s'élève à une forte somme, il en résulte chaque « année, pour la France, une énorme déperdition de capitaux.

» Mais cette perte s'accroît et s'aggrave infiniment encore, parce » que presque toujours le produit, ainsi enchéri par la protection, » sert de matière première ou d'instrument, de moyens de pro- » duction, à d'autres industries. Alors la production de ces autres » industries est enchérie par contre-coup; par ce motif, elles ne » peuvent, elles non plus, supporter la concurrence de l'étranger. » Alors, ces autres industries réclament, elles aussi, une protec- » tion semblable qu'il faut leur accorder, et qui réagit sur tout » le reste de la production du pays, qui est alors enchérie dans » son ensemble.

» C'est un enchaînement perpétuel de priviléges pour certains » producteurs, de pertes pour le pays, d'entraves pour la consom- » mation, d'obstacles pour l'exportation, et de ruine pour le » commerce. Pour bien faire apprécier la série de ces calamités, » nous ferons l'application de ces principes à la protection ac- » cordée *aux fers* : mais achevons d'abord ce qui concerne la théo- » rie.

» Il est donc reconnu par tout le monde aujourd'hui, excepté » par l'administration des douanes et ses protégés, que l'intérêt » d'une nation, ainsi que celui d'une simple famille, est de » consommer non ce qu'elle produit chèrement, mais ce qu'elle » achète à bon marché. Vainement dirait-on qu'en achetant au » dehors, l'argent qui sort est perdu pour le pays. Cette vieille

tégé ne gagne pas le quart de ce que perd le consommateur, et de là vien la perte colossale que le système prohibitif fait éprouver au pays. »

(Note de H. Fonfrède).

» erreur n'est pas soutenable. Tout le monde sait aujourd'hui » que c'est avec des produits que les produits se paient, et que le » seul moyen de vendre nos marchandises aux étrangers, c'est » d'acheter les leurs. Mais les partisans du système prohibitif » n'entendent pas cela. Chacun de son côté, voudrait conserver le » monopole de son marché intérieur, et cependant être admis sur » le marché intérieur des autres états. Lors même que ceux-ci le » voudraient, la chose est presque toujours impossible; à défaut » d'échange ostensible et légal, la contrebande se chargerait de » rétablir l'équilibre des importations, ou bien elles cesseraient.

» Reconnaissons donc que jamais le système protecteur ne peut » être la source d'une augmentation de fortune pour le pays. à » moins qu'on entreprenne de prouver qu'on s'enrichit en payant » cher ce qu'on pourrait acheter à bon marché, genre de démons- » tration qui me paraît difficile (1). »

Les pertes causées au pays par le système prohibitif sont clairement démontrées dans les lignes précédentes, et nous doutons de la possibilité, pour les défenseurs de cette doctrine ruineuse, de réfuter, d'une manière seulement spécieuse, l'exposé si simple et si vrai que nous venons de rapporter.

Nous ne finirons point, cependant, notre réponse aux défenseurs des maîtres de forges, sans faire ressortir l'une de ces contradictions si familières aux prohibitionistes.

Quand on a voulu combattre l'entrée des fers étrangers, on a énuméré avec soin toutes les causes d'infériorité de nos forges, et l'on a dit qu'elles ne pourraient supporter la concurrence des produits du dehors.

(1) *Les doctrines prohibitives sont ruineuses.* — Par Henri Fonfrède. — *Mémorial Bordelais* du 2 mars 1834.

Nous avons établi, plus tard, qu'il en coûterait près de cent millions de plus, pour les rails des chemins de fer, en se servant du fer français. On nous a répondu « que c'était là une supposition chimérique. Ne sait-on pas, s'est-on écrié, que la moindre » chance d'exportation suffit pour relever une marchandise ! » — Puis on a rappelé qu'en Belgique, au moment de l'établissement des chemins de fer, les rails avaient valu **360** à **400** fr., prix plus élevé que ceux payés en France ; qu'en Angleterre, dans des circonstances analogues, ils avaient valu **10** et **12** liv. sterl.

Mais, cependant, de deux choses l'une. Si l'ouverture du marché français aux fers belges, doit faire élever le prix de ces fers au niveau du prix des fers fabriqués en France, qu'avez-vous à craindre de l'admission de ces fers ?

Si, au contraire, ces fers doivent rester à un taux bien inférieur aux vôtres, comment pouvez-vous nier le bénéfice qu'il y aurait à pourvoir nos grandes lignes de chemins de fer à l'étranger ?

§. VIII.

Réclamation des Fabricants de draps.

Nous avons, dans notre précédent Mémoire, fait les comptes de l'industrie des étoffes de laine en Belgique et en France, d'après les dires des fabricants des deux pays. — Nous avons établi que, placés dans des conditions égales pour l'entrée des matières premières et pour la main-d'œuvre, ce qui résulterait de l'Union Douanière, nos manufacturiers lutteraient sans aucun désavantage avec leurs concurrents de Liége et de Verviers. En preuve de notre assertion, nous avons cité ce fait : c'est que malgré l'élévation du prix des machines, des teintures, etc., qui résultent du système prohibitif, nos draps soutiennent la lutte sur les marchés étrangers avec les draps belges, moyennant le drawbach de 13 p. 100 qui représente le remboursement du droit payé sur les laines.

On n'a pas même essayé de réfuter nos chiffres et nos raisonnements; on s'est borné, pour tout argument, à rappeler le traité *néfaste* du 26 septembre 1786, qui laissait entrer les tissus de laine anglais à 12 p. 100 de la valeur. — Sous ce régime, a-t-on dit, l'industrie française fut écrasée.

Le traité de 1786, comme celui de Méthuen, sont deux arguments fort souvent employés par les défenseurs de la prohibition, qui se gardent bien de jamais descendre jusqu'à examiner les résultats réels de ces deux actes diplomatiques. — C'est là ce que nous avons fait dans un précédent Mémoire (1) où nous avons nettement établi, en citant des écrits contemporains dignes de foi (2) que, par suite du traité de 1786, il entra en France la première année pour 33 millions de marchandises manufacturées anglaises, somme égale à celle de 1 fr. 37 c. et demi par habitant de la France; que, la troisième année de l'existence du traité, cette somme était déjà réduite d'un tiers à peu près, et qu'elle ne s'élevait plus qu'à 23 millions de francs, c'est-à-dire, à moins d'un franc par habitant!

Or, ce serait une bien pauvre industrie celle qui ne pourrait pas résister à une telle introduction de produits étrangers!

(1) *Mémoire sur la possibilité de conclure un traité de commerce entre la France et l'Angleterre.* — 10 mai 1844.

(2) *De la Balance du Commerce*, par M. *Arnould*, sous-directeur du bureau de la Balance du Commerce. — Tome 1er, pag. 177.

N'ayant pas obtenu d'autre réponse à nos assertions sur l'industrie des draps, nous devons donc tenir pour certain tout ce que nous avons avancé à cet égard.

Du reste, nous pouvons appeler à notre aide dans cette question, les fabricants de l'Hérault, qui, par l'organe de la Chambre de Commerce de Montpellier (1), déclarent ne pas craindre la concurrence belge. Puis, la Chambre de Commerce de Rheims et les négociants de la même ville (2).

§. IX.

Réclamations de l'Industrie linière. — Renouvellement de la convention du 16 juillet 1842.

En examinant les questions qui se rattachent aux réclamations de l'industrie linière, nous arrivons à ce qu'il y a d'essentiellement actuel dans la présente discussion. Ce sont, en effet, les représentants de cette industrie qui réclament avec le plus d'ardeur contre le renouvellement de la convention commerciale conclue entre la France et la Belgique, le 16 juillet 1842. — Nous aurons donc à examiner les motifs donnés par les filateurs de lin pour la rupture de cette convention, et si l'intérêt du pays est ici d'accord avec celui de ces manufacturiers.

Dans nos précédents Mémoires, nous avons fait ressortir la situation singulière des producteurs qui constituent les diverses branches de cette industrie.

(1) Voir pièces justificatives, n° 2.
(2) *Id.* n° 12.

Les producteurs de la matière première, c'est-à-dire, les agriculteurs qui cultivent le chanvre et le lin, demandent la prohibition de cette matière et des produits filés ou tissés dont elle est la base; les producteurs de fils veulent au contraire l'entrée des lins et chanvres bruts et la prohibition des fils et des tissus; les producteurs de tissus, de leur côté, demandent une forte protection pour eux, c'est-à-dire, des droits prohibitifs sur les tissus étrangers mais ils desirent que les lins et les fils entrent en franchise de droits.

Nous avons cité cependant d'honorables exceptions et nous avons dû rappeler une pétition adressée aux Chambres, en 1840, par des fabricants de Lille, Roubaix, etc., dans laquelle ces honorables industriels reconnaissaient que *c'est au travail, à l'intelligence, à vaincre l'infériorité que peuvent présenter certaines productions, et qu'une protection excessive engourdit le progrès.*

A propos de cette citation d'une pétition des industriels du Nord, nos contradicteurs nous ont reproché *d'être peu scrupuleux sur nos alliances!* (1) Nous avouons ne pas comprendre un pareil reproche, et nous nous demandons en vertu de quel scrupule on prétendrait nous interdire d'appuyer des principes économiques, vrais, justes et utiles à mettre en pratique, sur la déclaration de fabricants qui, jusqu'alors, avaient été opposés à ces principes? — Ce reproche est d'autant plus bizarre, que nos contradicteurs n'ont point hésité, comme on l'a vu plus haut, à s'appuyer sur l'opinion des négociants des ports de mer, qui ont séparé leurs intérêts des nôtres et de ceux de la liberté commerciale, dans la seule question de l'Union Douanière entre la France et la Belgique. — Comment aurions-nous un pareil scru-

(1) *Comité central,* Mémoire déjà cité, pag. 66.

pule pour défendre la vérité, quand nos adversaires ne l'ont point eux-mêmes pour soutenir les erreurs dont ils sont les défenseurs absolus?

En effet, dans l'affaire spéciale de l'industrie linière, et tout récemment encore, l'un des membres du Comité qui a formulé l'espèce d'accusation dont nous venons de parler, a fait publier l'opinion de la Chambre de Commerce de Boulogne sur mer (1); cette Chambre, en se déclarant *hostile en principe aux idées prohibitives*, repousse néanmoins le renouvellement de la convention du 16 juillet 1842, dans l'intérêt de la filature des lins. — Si donc nous avions besoin d'une justification, ce que nous n'admettons pas le moins du monde, nous la trouverions dans cet exemple; mais nous pensons qu'il nous suffit de dire qu'en pareille matière, la vérité est bonne à faire connaître de quelque part qu'elle arrive, et qu'il est parfaitement légitime d'appuyer ses doctrines, sur les dires et les aveux des hommes qui furent long-temps opposés aux principes que l'on défend.

Ces déclarations faites par d'anciens adversaires, ont un poids fort grand, quand il est évident qu'aucun intérêt exclusif n'a pu les dicter, et surtout lorsqu'on voit qu'elles semblent même poser une limite aux bénéfices personnels de ceux qui en sont les auteurs. C'est ce qui rend très-précieux, dans la question qui va nous occuper, la déclaration des fabricants de fils de lin et de chanvre, et de toiles, du département de la Sarthe (2), et celle toute récente de M. A. D. Bosson, filateur de lin à Boulogne-sur-Mer (3).

(1) Voir Pièces justificatives, n° 13.
(2) *Ibid.* n° 14.
(3) *Ibid.* n° 15.

La première de ces pièces vient confirmer l'assertion de la Chambre de Commerce d'Arras (1) sur les bénéfices que retirait le Commerce français de la libre importation des toiles : « *L'in-*
» *dustrie* toilière, disent les fabricants de draps de la Sarthe, a
» souffert toutes les fois que les toiles de Belgique ont été entra-
» vées dans la circulation ; cette même industrie s'est toujours
» soutenue sans désavantages, souvent même avec profit, aux
» époques de nos relations libres avec la Belgique. »

Cette affirmation rassurante pour l'industrie des toiles, ne l'est pas moins pour l'agriculture. — « La culture du lin en France,
» disent les signataires, n'est pas aussi répandue qu'elle doit le
» devenir ; *le cultivateur obtient de cette récolte un bénéfice beau-*
» *coup trop considérable et trop hors de proportion avec les autres*
» *récoltes,* pour que cette culture ne se généralise pas de plus en
» plus. »

Pour la filature, sa situation n'est pas plus alarmante aux yeux des négociants et fabricants du Mans, car ils soutiennent « que
» la loi du 6 mai 1841, sur les fils, est suffisante pour protéger
» les filatures. »

A ce témoignage, vient se joindre celui de M. A. D. Bosson, gérant d'une manufacture qui file cinq mille kilogrammes de lin par jour, et dans laquelle, dit cet honorable industriel, *sa propre fortune et celle de plusieurs de ses amis se trouvent tout entières.*

Or, voici comment s'exprime M. Bosson dans sa lettre adressée au *Journal des Débats*, le 27 septembre 1845.

« A mon avis, la législation existante sur les fils et les toiles
» est sage et efficace. D'un côté, elle accorde une juste compensa-

(1) Voir Pièces justificatives, n° 8.

» tion des charges qui pèsent sur notre industrie par suite des » droits dont sont frappés, à l'entrée, les lins, les étoupes, les » métaux, les machines, les outils, le charbon, et enfin toutes les » choses qui sont nécessaires à notre production ; de l'autre, elle » ne nous confère aucun privilége au détriment des consomma- » teurs. C'est la position que devraient occuper toutes les indus- » tries ; et je n'hésite pas à avancer que, si on laisse cette légis- » lation fonctionner pendant quelques années, l'industrie linière » sera plus forte, plus prospère, plus stable que l'industrie du » coton, protégée par le privilége exorbitant de la prohibition, » aussi funeste à ses propres intérêts qu'aux intérêts généraux du » pays. »

Tout se réunit donc, jusqu'ici, pour assurer qu'aucune des branches de l'industrie linière n'est en souffrance, et pas un doute ne restera à cet égard, si l'on jette un coup d'œil sur la lettre de la Chambre de Commerce de Boulogne, que nous avons mentionnée plus haut (1). Cette lettre s'exprime en effet dans les termes suivants :

« On peut objecter que la suspension du traité belge équivaut » à une réduction de tarif, et que, puisque l'industrie linière vit » et prospère sous l'influence du tarif actuel, elle est désintéressée » dans la question du renouvellement.

» En fait, ce serait une erreur. Il est bien vrai que la filature » du lin prospère sous le tarif actuel, en ce sens que beaucoup de » filatures nouvelles s'élèvent, et que presque toutes celles qui » sont établies depuis quelques années, accroissent leurs moyens » de production ; mais, dans ce mouvement, il faut faire très- » grande la part de l'engoûment ; il faut faire très-grande surtout

(1) Voir Pièces justificatives,

» la part de la brève durée du traité belge et de la persuasion » générale qu'il ne serait pas renouvelé. »

Il résulte de là, d'une manière positive, que la situation de l'industrie linière est prospère; car les assertions de la Chambre de Commerce de Boulogne ne détruisent point les affirmations de M. Bosson; elles les confirment, au contraire. — En effet, les membres de ce corps commercial commettent une erreur évidente, quand ils supposent que l'espoir de voir rompre la convention belge, a été le motif déterminant de la création des nouvelles filatures de lin, qui s'élèvent, de toute part, dans le département du Nord et dans celui du Pas-de-Calais. — Il n'est pas un capitaliste sérieux, pas un négociant sensé qui eût engagé des capitaux dans de tels établissements, sur des espérances plus ou moins fondées. Quelqu'accoutumés que soient nos adversaires au succès de leurs demandes de prohibition, déguisées sous le nom de protection, ils sont trop clairvoyants et trop habiles pour s'engager seulement sur la foi d'un futur contingent. C'est parce que la filature de lin donne de grands et solides bénéfices, que de nouvelles usines se créent, et leur fondation a pour base les résultats obtenus et non la chance incertaine de la rupture d'une convention internationale.

La réalité de la prospérité de la filature du lin nettement établie, qu'il nous soit permis d'examiner maintenant les motifs que l'on peut alléguer, au nom de cette industrie, pour faire rompre le traité du 16 juillet 1842.

Ce traité ne lui cause aucune perte, il n'arrête en aucune façon la progression toujours croissante de ce genre de fabrication. — Que veulent donc les industriels qui réclament la rupture de la convention belge? — Leur demande peut à peu près se traduire ainsi : — Nous gagnons déjà beaucoup; l'un des nôtres, qui file cinq mille kilogrammes de lin par jour, a reconnu, avec une franchise qui l'honore, que notre industrie est prospère; mais nous voulons gagner davantage; peu nous importe que d'autres producteurs en souffrent, que les consommateurs, c'est-à-dire tous nos compatriotes, soient lésés par les bénéfices exorbitants que nous entendons faire.... Nous gagnons beaucoup, sans doute; mais nous voulons gagner davantage, et nous trouvons là une raison suffisante pour imposer la France à notre profit, et pour lui faire rompre des liaisons commerciales et les liaisons politiques qui en dépendent, avec un peuple voisin que nous avons le plus grand intérêt à compter parmi nos alliés et parmi nos commettants commerciaux!

Si l'on veut examiner sérieusement et à fond les réclamations que nous combattons ici, on verra qu'elles n'ont pas d'autres motifs réels.

Quand on parle de la dignité de la France, par exemple, nous demanderons en quoi cette dignité a été compromise? — La Belgique a usé du droit *qu'elle s'était formellement réservé dans la négociation* (1), d'étendre à d'autres nations le bénéfice de l'abaissement de ses tarifs sur les vins et les soieries; on conclut de là que notre dignité nationale est blessée! — Nous ne saurions comprendre quel rapport il peut y avoir, entre la dignité de la France et les droits différentiels ou égaux dont il s'agit. — Sans doute, si la Belgique avait manqué à la foi jurée, comme on l'affirme fort à tort, la dignité belge aurait souffert de cette violation morale du traité; mais la dignité française, comment aurait-elle pu être atteinte par un fait qui est complètement étranger à notre pays et

(1) Les journaux semi-officiels, en France, ont constaté la vérité de cette réserve faite par les négociateurs belges.

à son gouvernement? — Tout cela n'est qu'une accusation sans fondement, et qui ne saurait supporter le plus léger examen. — La dignité nationale n'a rien à faire dans un pareil débat, et nous nous hâtons de le dire, les intérêts nationaux n'y sont nullement compromis. Les vins du Zollverein, qui ont été admis aux mêmes droits que les vins de France, entrent dans la consommation belge pour *un trente-sixième*, et les vins français pour *trente-cinq trente-sixièmes*. Cette proportion est restée la même après comme avant la réduction du tarif; et nous, nous les plus forts intéressés dans la question, nous ne nous plaignons pas: qui donc aurait le droit de se plaindre?

Nous avons établi, par les aveux des hommes les plus compétents, que l'industrie linière n'est nullement en souffrance par suite de la convention du 16 juillet 1842; que cette convention n'a pas empêché le développement considérable pris par la filature du lin et du chanvre; mais alors même que ce développement eût été retardé par l'introduction des produits belges, l'industrie dont il s'agit serait-elle bien en droit de réclamer et de demander la rupture de la convention dont il s'agit?

Pour qu'il en fût ainsi, il faudrait, même dans le système de nos adversaires, que cette industrie eût ce qu'ils nomment des droits acquis; or, elle est toute nouvelle, car il ne faut pas confondre la filature à la mécanique du lin et chanvre, avec le filage à la main, qui avait lieu jadis dans les communes rurales; les *travailleurs nationaux* qui s'occupaient de ce dernier labeur, ne sont nullement ceux qui ont pris place dans les manufactures nouvelles; — les fileuses de nos campagnes qui ajoutaient, par le travail de la veillée, un bénéfice au salaire qu'elles gagnaient dans le jour, n'ont pas quitté les champs pour diriger les métiers à filer, et ceux-ci n'ont d'autre rapport avec l'ancienne industrie, que celui de la matière mise en œuvre. — Or, nous le répétons, dans le système même de nos contradicteurs, une industrie qui veut se créer, est-elle en droit de demander qu'il soit pris des mesures dont la conséquence est de nuire à des industries existant déjà? — Pour employer le langage prohibitif, le *travail national* en espérance, est-il en droit de faire supprimer le *travail national* effectif ?— Une telle proposition n'est pas soutenable, et cependant la suppression de la convention belge aurait cette conséquence inévitable, elle viendrait porter atteinte au débouché des vins, des soieries, des toiles de coton peintes, etc., industries anciennes sur notre sol, pour accroître la filature du lin qui vient de naître il y a trois ou quatre ans, et qui s'est annoncée en promettant 40 à 55 p. 100 de bénéfices annuels à ses fondateurs (1).

Il est vrai que les représentants de l'industrie linière ont proposé un palliatif; ils veulent bien consentir à laisser entrer en France les fils et les toiles belges à la condition de limiter à l'avance les quantités de fil et de toile qui pourront être introduits ! — Ce serait là une condition digne de la barbarie industrielle et commerciale du moyen-âge, et il faut s'étonner de la voir proposer sérieusement, dans le siècle où nous vivons. Cette conception n'est-elle pas, en effet, tout ce que l'on peut imaginer de plus anti-commercial, et ne se croirait-on pas revenu aux temps antérieurs au sage ministère de Turgot, à cette époque où les plus absurdes priviléges entravaient les relations commerciales, où, par exemple, les vins de Languedoc ne pouvaient pas descendre la Garonne

(1) M. Maberly, directeur d'une usine fondée au capital de 4,000,000 fr., promettait dans son prospectus 1,580,000 fr. de bénéfices annuels; et M. Gachet de Lille, propriétaire d'une usine au Blanc (Indre), promettait 680,000 fr, de revenus sur un capital de 1,200,000 fr.

avant la St-Martin et se vendre à Bordeaux avant le 1er décembre; où les États de Béarn proscrivaient le débit de tous les vins *étrangers*, c'est-à-dire de ceux récoltés dans les provinces limitrophes, avant que les vins du cru de la Province fussent entièrement consommés; où il était défendu aux capitaines de navires mouillés dans le port de Marseille, d'acheter, pour leur équipage, d'autre vin que celui du territoire de la ville; où les douanes de provinces, enfin, arrêtaient à chaque instant la circulation des denrées de toute nature dans l'intérieur du royaume, et nuisaient à la fois au commerce et aux consommateurs! Les représentants de l'industrie linière ne veulent, il est vrai, faire l'application de leur système qu'à une nation étrangère, mais le principe est au fond le même, car les provinces aussi appelaient jadis *produits étrangers*, tous ceux qui étaient récoltés ou confectionnés en dehors de leurs limites. — Pour être prise d'ailleurs au sujet de marchandises belges, la mesure n'en demeurera pas moins anti-commerciale; il ne faut que réfléchir un peu à son application pour s'en assurer. Ainsi il y aura une époque de l'année où l'entrée des toiles et fils belges sera permise, légale, et une époque indéterminée et qui arrivera toujours inopinément pour une partie du commerce, où cette entrée sera de contrebande et punissable par les lois. Si le Commerce suit sa marche ordinaire et s'il demande ses approvisionnements au fur et à mesure de ses besoins, le négociant dont les besoins auront été tardifs, fera ses demandes en Belgique lorsque déjà, peut-être, l'entrée des toiles ne sera plus permise; si, au contraire, le Commerce, dans la crainte que lui inspirera cette limite, expédie ses ordres en masse dès le début de l'année; et s'ils surpassent le chiffre des importations permises, il pourra donc arriver à l'importateur qui se présentera à la douane une heure, une minute après que le chiffre fatal sera atteint, d'être privé, pendant une année entière, d'une marchandise indispensable à son commerce et dont ses concurrents seront approvisionnés; il verra dès-lors ses affaires péricliter, sa clientelle se perdre, peut-être, parce que ses marchandises auront subi un retard de quelques secondes pour se rendre à la frontière! De leur côté, les manufacturiers pour lesquels le fil belge peut être une nécessité comme matière première, seront dans le cas de voir leurs travaux interrompus et leurs relations commerciales compromises, parce qu'ils n'auront point prévu à l'avance un accroissement dans le débit de leurs productions.

L'idée de limiter à l'avance l'entrée d'une marchandise, lorsque tant de circonstances diverses peuvent modifier son emploi et sa consommation, est, nous le répétons, une idée si profondément anti-commerciale, si arriérée, si peu en harmonie avec l'état de civilisation de notre pays, que nous osons espérer qu'elle sera hautement repoussée par le Gouvernement, si tant est que l'on ose lui proposer de la mette à exécution.

Ceci dit relativement à l'intérêt que peut avoir l'industrie linière à repousser la convention de 1842, rappelons que rien n'a été répondu de concluant aux faits et aux raisonnements que nous avons publiés dans notre Mémoire de 1843, sur ce sujet (1).

Nous avons prouvé que le voisinage des lieux, où s'exerce en Belgique et en France l'industrie linière, excluait toute idée de supériorité chez nos voisins dans ce genre de travail ; nous avons prouvé que la matière première, le génie des ouvriers, le prix des salaires, le taux de l'argent, le prix du combustible devaient

(1) Voir ce Mémoire, pag. 150 et suivantes.

promptement s'égaliser sous le régime de droits égaux qu'amènerait l'Union Douanière. Au lieu de nous répondre sur ces divers points, on nous a opposé des calculs basés sur la situation actuelle des choses, et, sans essayer même de réfuter nos raisonnements, on a établi des différences calculées sur le taux de l'intérêt de l'argent, sur le prix de la main-d'œuvre, sur le coût plus élevé de la houille, sur la meilleure qualité des lins belges, sur l'entrée en franchise en Belgique des lins étrangers, etc. Toutes choses qui seraient parfaitement égalisées dans les deux pays, si l'Union s'accomplissait; on a établi d'après tous ces faits une augmentation de 14 p. 100 dans le coût de la filature française comparée à la filature belge; à cette aggravation on a ajouté 6 et un quart p. 100, pour l'intérêt de la dépense de premier établissement, attendu, s'il faut en croire nos contradicteurs, qu'une filature qui coûte un million à Courtray, revient à 1,500,000 fr. à Lille, bien que ces deux villes ne soient qu'à une distance de quelques kilomètres l'une de l'autre. —Puis, l'on a conclu hardiment de tout cela, que la France doit soigneusement maintenir un état commercial, dont le résultat est d'augmenter de 50 p. 100 le coût de toutes choses chez elle, et que non-seulement elle doit le maintenir, mais encore l'aggraver, en vertu de cet étrange système que nous avons déjà signalé, dont le principe est que, pour une nation, le suprême bien consiste à payer très-cher tout ce qu'elle consomme, afin de ne pas avoir l'inconvénient d'être *tributaire de l'étranger !*

C'est là encore, une de ces expressions sacramentelles des prohibitionistes, dont il faut faire justice. — Non, une nation n'est pas tributaire d'un peuple étranger parce qu'elle lui achète des marchandises bonnes et à bon marché, dont elle a besoin, au lieu de les produire elle-même à chers deniers et en qualité inférieure, pas plus qu'un homme n'est tributaire de son marchand de drap ou de son tailleur, parce qu'il leur achète ou leur fait confectionner ses habits; les véritables tributaires en France, ce sont les producteurs habiles et les consommateurs sur lesquels on prélève d'énormes contributions, des contributions de beaucoup supérieures à celles qu'ils paient au budjet, au profit d'industriels mal habiles ou insoucieux, qui trouvent commode de s'imposer au marché national et de le monopoliser à leur profit.

§ X.

Des intérêts qui réclament l'Union Douanière avec la Belgique.

« L'intérêt vinicole est le seul, a-t-on dit, qui soit intéressé » dans la question; c'est pour *stimuler une communauté d'action* » que la Chambre de Commerce de Bordeaux parle des soieries » de Lyon, des nouveautés de Rheims, des bronzes, modes et » objets artistiques de Paris. »

Une réponse tout à fait péremptoire à cette assertion, plus que hasardée, se trouve dans les pièces justificatives que nous publions à la suite du présent écrit. Le concours qui nous a été donné par un grand nombre de villes manufacturières, réfute suffisamment les paroles que nous venons de citer. — La Chambre de Commerce de Metz, entr'autres, a pris soin d'énumérer *trente et une industries* qui, interrogées par elle, ont adhéré à l'Union Douanière avec la Belgique, tandis que *neuf* seulement la repoussaient. Des faits authentiques sont, d'ailleurs, survenus depuis la publication de notre dernier Mémoire, qui ont mieux démontré encore, que d'autres travailleurs que les vignerons, ont intérêt à nos relations avec les Belges.

La convention du 16 juillet 1842 a dégrevé bien faiblement les soieries françaises, qui, du reste, paient un droit fort minime en Belgique. Cependant ce fait, déclaré par les prohibitionistes insignifiant pour nous, n'a pas laissé que de produire quelques fruits. Voici les chiffres officiels de l'exportation :

1842.—59,363	kilogrammes,	valeur.	6,669,152	fr.
1843.—66,419	—	—	7,469,640	»
1844.—76,745	—	—	8,615,718	»

Ainsi, depuis la convention de 1842, l'exportation des soieries françaises en Belgique s'est accrue, en 1843, de 7,056 kilogr., et d'une valeur officielle de 800,488 fr.; et en 1844, cette importation s'est encore accrue de 10,326 kilogr., et d'une valeur de 1,146,078 fr. — Par conséquent, l'augmentation totale, depuis la convention précitée, a été de 17,382 kilogr. en poids, et de 1,946,566 fr. en valeur.

Les étoffes de laine, malgré l'ordonnance qui impose une partie de ces tissus, ont vu s'accroître également leur exportation, uniquement parce que l'ordonnance dont il s'agit, a atteint avec plus de sûreté les tissus anglais que les nôtres. Voici le relevé de nos exportations en ce genre :

1842.—167,919	kilogrammes,	valeur	4,500,285	fr.
1843.—188,283	—	—	6,907,690	»
1844.—200,171	—	—	6,941,017	»

Les toiles de coton peintes, d'un autre côté et par suite de la faveur qui leur a été accordée, en Belgique, de ne payer que l'ancien droit, pendant que les autres étoffes étrangères de même nature étaient soumises à une élévation de tarif; les toiles de coton peintes, disons-nous, ont vu s'accroître le chiffre de leur exportation, et, d'après les documents que nous avons sous les yeux, nous avons lieu de penser que, dans les six premiers mois de 1845, l'augmentation de la vente de ce genre d'étoffe a été considérable en Belgique. Ce qui le prouve surabondamment d'ailleurs, c'est que les manufacturiers de toiles peintes ont été mis, par la Chambre de Commerce de Boulogne, au rang des industriels qui réclament la continuation de la convention du 16 juillet 1842.

En présence des faits et des chiffres que nous venons de rappeler, nous espérons que l'on renoncera à prétendre que les concessions faites par la Belgique sont sans valeur.

Quant aux vins, nous avons, dans notre Mémoire du 20 mars dernier, démontré que leur mise en consommation en Belgique s'était considérablement accrue en 1843, car elle avait été de 98,000 hectolitres, tandis que la moyenne des trois années précédentes ne s'était élevée qu'à 75,000 hectolitres. — La mauvaise qualité des vins de 1843 et leur cherté excessive, ont réduit cette consommation en 1844 ; mais dans les six premiers mois de 1845, elle est remontée, malgré la hausse persistante des prix, à 49,530 hectolitres pour cette moitié de l'année, c'est-à-dire, à un chiffre supérieur même à celui de 1843.

On peut donc avancer avec certitude dès aujourd'hui, que l'augmentation de la consommation des vins a été en Belgique de 15 à 20 p. 100 en moyenne, en dépit des circonstances défavorables qui ont suivi la convention, les récoltes de 1842, 1843,

1844 et 1845, ayant été très-peu abondantes, et par suite les prix de vente s'étant fortement élevés.

Abordons maintenant les autres objections que l'on a faites à nos réclamations en faveur de l'industrie vinicole.

1° La population ouvrière qui dépend de la culture de la vigne ne s'élève pas à deux millions de familles, soit à huit millions d'habitants; car, en admettant 400 fr. par an pour chaque famille, la main-d'œuvre coûterait 800 millions, c'est-à-dire beaucoup plus que la valeur totale de la marchandise;

2° La Belgique n'offrira jamais un débouché important à nos vins;

3° Par suite de la convention de 1842, l'exportation des vins n'a pu augmenter; elle a diminué d'un quart. — Le même fait s'est produit en Angleterre, quand les droits y ont été abaissés; il se produira partout où la bière est depuis long-temps entrée dans le goût des populations;

4° Ce n'est point le tarif des fers qui a fait repousser nos vins, car la plus forte diminution s'est produite dans l'association allemande. — La vraie raison, c'est que l'Allemagne a développé ses vignes, parce qu'elle est sous une latitude favorable à la production du vin;

5° Le seul moyen de soulagement qu'il y ait pour cette industrie, c'est le marché intérieur (1).

Ces objections ne présentent pas plus de solidité que celles réfutées par nous sur les divers points qui précèdent.

Nous avons cité les statistiques auxquelles est emprunté le chiffre de la population qui participe à la culture de la vigne (2),

(1) Comité central, pag. 71 et suivantes.

(2) *De l'Union Douanière*, 2me publication, pag. 166 et 167.

mais c'est faire un usage tout à fait abusif des nombres posés dans ces écrits, que de représenter deux millions de familles comme vivant exclusivement du travail de la vigne.

Tout le monde sait parfaitement, et nos contradicteurs eux-mêmes ne peuvent ignorer, que l'agriculteur qui se livre à cette culture ne s'y donne entièrement que dans quelques départements. — C'est donc se servir d'un argument sans valeur, que d'opposer au nombre des familles de vignerons, le revenu total de la production du vin. Ces familles, pour le très-grand nombre, cultivent les céréales ou se livrent à d'autres travaux agricoles, en même temps qu'elles soignent un vignoble. — Mais parce qu'elles ont d'autres ressources que le revenu de ce vignoble, s'ensuit-il qu'elles ne soient pas intéressées à voir prospérer celui-ci? Faut-il en conclure qu'en annulant, faute de débouché d'un côté, et par suite de l'excès des impôts indirects, de l'autre, cette part du revenu de deux millions de familles, on ne fait pas un tort grave, immense à la richesse nationale, au bonheur et à l'aisance d'une très-forte partie de la population française? On serait mal fondé à soutenir pareille thèse, et c'est à nous de dire, en cette circonstance comme en beaucoup d'autres : Nous n'avons pas besoin de longs raisonnements pour prouver la vérité de ce que nous avançons.

On affirme que la Belgique ne consommera jamais beaucoup de nos vins.

Mais c'est là une assertion fort contestable. — La Belgique, sans consommer des quantités égales à celles bues dans certaines portions de la France, peut cependant arriver au chiffre de la consommation constatée dans certaines villes du Nord.

En admettant la possibilité que ses achats fussent proportionnellement égaux à ceux de Caen et de Lille, les deux villes de

France où l'on boit le moins de vin, c'est-à-dire à dix ou quinze litres par habitant chaque année, la Belgique nous demanderait de 44 à 65 mille tonneaux par an, au lieu de 7 à 10 mille tonneaux qu'elle en demande aujourd'hui. — Or, s'il faut en croire la déclaration faite à la Chambre des Députés par un honorable représentant du département du Nord, on aime autant la bière à Lille qu'à Gand, qu'à Bruxelles, pourquoi donc, avec un meilleur système douanier, n'aurait-on pas dans la Flandre belge un débouché comparativement égal à celui de la Flandre française? — Nous avons déjà prouvé que le traité de 1842, bien loin de diminuer d'un quart la consommation belge, l'augmenta considérablement, au contraire.

Pendant les trois années 1840, 1841 et 1842, la mise en consommation des vins français en Belgique s'est élevée à 75,000 hectolitres en moyenne; elle a été, en 1843, de 98,000 hectol. Le haut prix des vins a arrêté cet accroissement en 1844; mais, en 1845, le mouvement a repris, et les six premiers mois de cette année ont présenté une mise en consommation de 49,530 hectol.

Nos contradicteurs, en posant comme un fait incontestable la réduction de la consommation en Belgique, à la suite de la convention de 1842, ont donc été mal informés. On peut s'en assurer, sans consulter même les états de mise en consommation en Belgique, et en s'adressant aux tableaux du commerce extérieur, publiés par le ministère des finances. En effet, l'exportation a été en 1842, de 6,937,000 litres, estimés 3,597,000 fr.; — en 1843, c'est-à-dire dans la première année qui a suivi la convention, l'exportation s'est élevée à 10,224,000 lit., estimés 4,820,000 fr.

Les circonstances bien connues de quatre récoltes disetteuses, déjà mentionnées par nous, ont fait descendre le chiffre de l'exportation, en 1844, à 6,980,000 lit., estimés 3,893,000 fr., c'est-à-dire à une quantité et à une somme qui ne sont pas de beaucoup supérieures à celle de 1842 ; mais, en 1845, le chiffre des exportations se relève, et il y a lieu de penser qu'il atteindra celui de 1843, s'il ne le surpasse. Tout cela est bien loin de la prétendue diminution d'un quart, mentionnée dans le travail de nos principaux contradicteurs.

L'assertion sur la diminution de l'exportation en Angleterre, après l'abaissement des droits, n'a pas plus de fondement; les documents officiels, publiés par le ministère de l'agriculture et du commerce, détruisent complètement l'affirmation d'un noble pair à cet égard (1).

« En consultant les tableaux soumis au Parlement, traduits et » imprimés à Paris, dit un écrivain qui a examiné à fond cette » question, en faisant une simple addition, chacun peut se con- » vaincre que la moyenne de la consommation annuelle était :

» En 1820-1824 de.......... 169,800 gallons (770,900 litres).

» Et qu'en 1836-1841, elle a été de 395,160 gall. (1,789,500 lit.)

» Augmentation : *deux cent trente-deux pour cent.*

» On a prétendu qu'en 1841 la France a envoyé moins de vins » en Angleterre qu'en 1824. Nous répondrons qu'en 1824, la » consommation britannique est portée, au compte-rendu des » douanes, pour.............. 187,417 gallons.

» Et 1841 pour............ 376,360 — (2) »

Pour les vignes plantées en Allemagne, on a pris ici l'effet pour la cause. — Ce n'est point parce que l'Allemagne est sous

(1) Rapport de M. Ferrier. — *Moniteur* 1er juin 1843.

(2) *De la Consommation des vins de France en Angleterre*, par Gustave Brunet. — Pag. 11, in-8° — A Bordeaux, chez Th. Lafargue, imp.-lib., rue du Puits-de-Bagne-Cap,. — Chaumas-Gayet, lib. fossés du Chapeau-Rouge.

une latitude favorable, qu'elle s'est livrée à cette culture; c'est parce qu'elle a établi des droits énormes sur les vins fraiņças, que cette culture, incertaine et chère, s'est développée chez elle. Elle ne considère point ce produit comme bien avantageux pour elle, car, dans les négociations qui furent ouvertes à Berlin tout récemment encore, le gouvernement prussien offrait, dès l'abord, une réduction de moitié sur les droits dont nos vins sont frappés, si la France voulait réduire, de son côté, son tarif de douanes sur certaines productions de l'Allemagne!

Sans doute, ce n'est point au tarif sur les fers qu'il faut principalement attribuer les représailles douanières de l'Allemagne; mais qu'importe! c'est toujours le système prohibitif qui en est la cause, c'est la loi de 1822, et l'exclusion des bestiaux, qui a donné le signal de cette guerre de tarifs qui dure encore, et qui nous isole, de ce côté-là, des peuples avec lesquels nous avons un intérêt immense à nous allier.

Pour le conseil que l'on donne aux vinicoles de s'adresser seulement au marché intérieur, ils ne se résoudront pas à le suivre, parce qu'ils savent que, dans le système actuel, la majeure partie des vins achetés pour cet emploi, est payée avec leur propre capital, qui va enrichir les industriels au moyen du mécanisme de la prohibition.

Pour ceux qui voudront prendre la peine d'étudier à fond le système protecteur, le fait ne saurait être douteux (1), — lorsque, par suite du monopole attribué à certains industriels du Nord, les producteurs de vins payent 100 fr., les tissus, les fers, les fils de lin qu'ils pourraient obtenir au dehors pour 50 fr., on les

(1) Voir pag. 79.

impose en réalité de 50 fr., au profit des manufacturiers dont il s'agit, et quand ceux-ci viennent ensuite acheter des vins avec le produit de cette imposition véritable, on peut dire, sans exagération aucune, qu'ils payent les vinicoles avec de l'argent injustement prélevé sur ceux-ci.

Nous savons bien que l'on ne manque pas de sophismes et de grands mots pour expliquer comment le *travail national* profite de cette imposition dont les uns sont frappés au profit des autres; mais quelque soin que l'on y mette, on n'arrivera jamais à prouver aux esprits sérieux, qu'il est fort avantageux pour les *travailleurs nationaux du Midi*, de vendre un tonneau de vin 200 fr., par exemple, à un industriel de Lille, lorsqu'ils pourraient, dans un meilleur système économique, le vendre 220 fr. à un fabricant de Courtray, tandis que, d'un autre côté, on les force à se pourvoir chez le même industriel français de la toile dont ils peuvent avoir besoin, à 2 fr. le mètre, quand ils pourraient l'obtenir à 1 fr. 50 en Belgique! C'est en vain que l'on appuie cet étrange système sur la solidarité de toutes les industries; il n'y a aucune solidarité possible entre la production qui a besoin de la liberté pour prospérer, et celle qui ne vit que du privilége et du monopole.—Ce qui existe aujourd'hui, n'est pas de la solidarité, c'est l'exploitation des industries habiles et généreuses, par les industries avides et mal habiles.

Quant à ce prétendu *tolle* implacable que Bordeaux s'obstine, dit-on, à faire entendre contre les industriels qui exploitent la France; en se servant de telles paroles on qualifie fort mal les plaintes légitimes et toujours modérées d'une portion du pays dont les intérêts sont constamment sacrifiés à ceux du Nord de la France. Si l'on avait fait droit quelquefois à nos justes demandes, nous concevrions, sans l'approuver, que l'on pût s'étonner de nos réclamations réitérées; mais bien loin qu'il en soit ainsi, le système contre lequel nous nous élevons, s'étend chaque jour, et chaque jour aussi nous blesse plus profondément. Nos réclamations, au lieu de cesser, doivent donc devenir plus vives. C'est un devoir rigoureux pour nous de les rendre chaque jour plus pressantes, car nos contradicteurs, ainsi que nous allons le prouver, substituent le fait au droit; ne se bornant plus à vouloir prospérer à nos dépens, ils nous regardent comme attentant à leur propriété, quand nous ne faisons que nous défendre contre leurs envahissements répétés.

« Pourquoi, a dit la Chambre de Commerce de Boulogne, pour-
» quoi les toiles de coton imprimées, les vins, les soieries vivraient-
» ils en France aux dépens de la filature, et par suite de la cul-
» ture du lin et du chanvre? »

Ainsi donc, ce sont les industries qui ne demandent ni protection, ni monopole, ni privilége d'aucune sorte, qui ont besoin seulement de la liberté pour grandir et prospérer; ce sont ces industries que l'on accuse de vivre aux dépens d'autrui, et, par un renversement de toute notion de justice et d'équité, ce sont les représentants des manufacturiers qui imposent leurs produits au marché national, qui font payer à tous les consommateurs français 1 fr. ce que ceux-ci pourraient acheter 50 c. en Belgique ou en Angleterre; ce sont, disons-nous, les représentants de ces producteurs privilégiés qui formulent une semblable accusation!

Et que l'on y prenne garde, cette prétention ne se borne point à de vaines paroles :—absorber complètement certaines industries, ne souffrir de concurrents ni au dehors, ni au dedans, tel est le but où l'on veut arriver. N'a-t-on pas vu, en effet, dans la dernière session, la ville de Marseille atteinte et convaincue de fabriquer les huiles, qu'elle achetait autrefois chez les producteurs privilégiés, condamnée à ne plus recevoir les graines qui lui fournissaient ces huiles. Privée ainsi de matière première, elle s'est vue par conséquent contrainte à alimenter ses savonneries, avec les produits fabriqués qu'on est résolu à imposer à toute la France!

Ce fait parle plus haut que tous les raisonnements; c'est un enseignement d'une haute portée, et qui, nous l'espérons, sera compris de tous les intéressés.

§ XI.

Du Travail national.

Nos adversaires assurent qu'ils ont un grand respect pour le » *travail national.* — « *Qu'il soit agricole*, *qu'il soit manufacturier*, » *qu'il soit maritime*, le travail, disent-ils, nous paraît toujours » digne de protection, parce qu'il est un des éléments les plus » sûrs de la grandeur du pays (1). »

Ce prétendu respect général pour le *travail national*, a conduit les défenseurs de la prohibition à prétendre qu'il existe une solidarité complète entre toutes les branches de la production française, solidarité qui, d'après eux, exige que toutes soient protégées par le tarif de douanes, attendu que la protection accordée à chacune d'elle profite à l'ensemble.

Si cela était exact, nous tous, habitants de pays vignobles,

(1) Comité central, etc. — Mémoire déjà cité, pag. 80.

commerçants de Marseille, Bayonne, Cette, Bordeaux ; manufacturiers de Montpellier, Nîmes, Saint-Etienne, Lyon, Paris, Rheims, Le Mans, etc., nous serions bien aveugles de réclamer contre un système qui est utile, non-seulement aux industries qui le défendent, mais encore à tous les producteurs français, même à ceux qui s'en plaignent avec le plus d'amertume et de constance.

Mais pour que l'assertion des industriels prohibitionistes eût quelque valeur, il faudrait admettre d'abord ce fait déplorable, que la France est inférieure, dans tous les genres de travail, aux autres nations du globe; qu'elle ne peut, par conséquent, maintenir chez elle aucune culture, aucune industrie, en concurrence avec l'étranger; qu'il faut obligatoirement, et sous peine de voir tous ses habitants réduits à la misère et à l'oisiveté, qu'elle sauvegarde leur travail, en s'entourant d'une armée de douaniers pour repousser l'invasion de l'industrie étrangère, invasion cent fois plus redoutable, dans l'étrange hypothèse qui forme la base du raisonnement de nos adversaires, que l'entrée des armées ennemies elles-mêmes.

Fort heureusement il n'en est point ainsi; il y a, en France, des productions qui, bien loin de craindre la concurrence étrangère, sont toujours assurées de trouver au dehors un débouché avantageux. Celles-là, nous le répétons, n'ont besoin que de la liberté pour toute protection, et les entraves que l'on met au commerce extérieur, au lieu d'être un appui pour elles, sont une atteinte profonde portée à leur prospérité. — Nous avons prouvé surabondamment, dans nos précédents écrits, que les vins de France, que les soieries françaises, que les articles de Paris, les étoffes de laine de Rheims, les toiles peintes de Mulhouse, etc., se trouvant, sur les tiers-marchés, en concurrence avec les produits similaires des autres nations, y obtiennent une préférence marquée, chaque fois qu'ils ne sont pas enchéris outre mesure, par les droits de douane dont on les frappe, en représaille de la protection accordée à certaines industries. Beaucoup de manufactures, même parmi celles que protége la prohibition, sont dans le même cas que celles que nous venons de citer. Ce fait, qu'on ne peut contester avec quelqu'apparence de raison, établit la ligne de démarcation réelle qui existe entre deux classes de producteurs français. — Les uns ne vivent, et ne peuvent vivre, d'après eux, qu'à la condition de rompre nos rapports commerciaux avec toutes les nations, en prohibant les produits de celles-ci. — Les autres ont besoin pour prospérer, au contraire, que les liens naturels d'échanges qui existent entre les peuples, soient conservés et agrandis autant que possible.

Les intérêts de ces deux classes de producteurs sont donc opposés. — Dans le système de nos contradicteurs, l'ouverture de nos frontières aux produits étrangers doit, d'après eux, ruiner totalement nos principales industries. — Nous ne partageons point ces craintes, et nous croyons avoir démontré, dans notre Mémoire de 1843, qu'elles étaient sans fondement réel pour la plupart de nos producteurs. Nous ne reviendrons pas ici sur cette partie du débat. Ce que nous voulons constater seulement, en ce moment, c'est la division bien réelle des producteurs français en deux classes, dont l'une demande la liberté commerciale et l'autre la protection.

Le fait de ces intérêts opposés étant établi, il faut chercher les motifs qui doivent porter le gouvernement, soit à maintenir le système actuel, soit à le modifier successivement pour le conduire enfin vers une réforme complète.

Il y a, pour les hommes d'État qui gouvernent une nation, un but à atteindre, et qu'ils ne doivent jamais perdre de vue, c'est de donner à la masse des hommes qu'ils sont appelés à diriger, la plus grande portion de bonheur possible dans l'état de civilisation où ils se trouvent placés.

Nous ne reviendrons pas sur la question de droit et de justice débattue entre les producteurs qui demandent le monopole et les priviléges, et ceux qui ne réclament qu'une liberté sage et modérée; et nous nous bornerons à considérer les industries en présence, sous le point de vue de la moralité et de l'aisance qu'elles donnent à la population de notre pays, de la sécurité qu'elles promettent à l'État.

Si nous examinons le sort des populations manufacturières du Nord, nous les trouverons dans une position fort opposée à celle que tout Gouvernement éclairé doit désirer pour le peuple qu'il régit.

Il suffit d'ouvrir les écrits des hommes qui se sont occupés de la question du paupérisme, à quelque opinion économique qu'ils appartiennent, pour voir que tous sont d'accord sur le fait de la situation presque partout désastreuse des ouvriers manufacturiers. Un ancien administrateur du département du Nord, M. le vicomte Alban de Villeneuve - Bargemont, nous apprend que sur 962,848 habitants de ce département, le sixième, c'est-à-dire 163,453 individus sont inscrits comme indigents sur les registres des bureaux de bienfaisance (1); sur 72,000 habitants, la ville de Lille seule compte plus de 22,000 indigents, c'est-à-dire près du tiers de sa population.

(1) *Économie politique chrétienne*, tom. 2, pag. 51.

Et cette misère n'est pas une misère ordinaire. On peut en voir la triste description dans l'écrivain que nous venons de citer, et dans les travaux de M. Louyer-Villermé, sur *l'état physique et moral des populations manufacturières.* A une affreuse pauvreté se joint l'immoralité la plus effrayante, et presque partout un état de santé si déplorable, que ces populations rachitiques et souffreteuses fournissent à grand-peine leur contingent pour le recrutement de l'armée.

Tel est en résumé le triste tableau que présentent la plupart des populations manufacturières, et peut-on croire que la société est conduite vers le but qu'elle doit atteindre, lorsque ses travailleurs en viennent à se trouver dans un semblable état? Faut-il donc continuer à sacrifier les productions naturelles du sol et de l'industrie française, pour accroître chaque jour davantage un prétendu *travail national* dont les résultats sont si déplorables?

Aucun homme sensé ne pourra le croire, surtout s'il vient à comparer la situation des populations agricoles, commerçantes, attachées aux bonnes industries (1), à la situation que nous venons de rappeler. — Certes, malgré les mauvaises lois économiques qui pèsent sur nous, nos paysans, nos vignerons, nos tonneliers, nos marins, sont, pour la plupart, des hommes robustes, vigoureux, et d'une moralité bien supérieure à celle des ouvriers employés dans les industries factices qui ne vivent que du monopole.

(1) On peut consulter, sur la situation des ouvriers en soie des fabriques de Lyon, St-Etienne, Avignon, Nîmes, etc., M. Louyer-Villermé, tom. 1er, pag. 352 et suivantes. On verra que, sous tous les points de vue, leur sort est de beaucoup préférable à celui des ouvriers manufacturiers du Nord, et que leur moralité est également beaucoup plus grande.

En faisant ce parallèle, cependant, nous ne voulons pas nous écarter des pensées de modération et de sagesse qui nous ont toujours guidés; nous ne voulons point, comme on nous en a follement accusés, détruire ce qui est, fermer les manufactures, et porter la perturbation dans des industries qui se sont créées avec de mauvaises conditions, sans doute, en portant un coup fatal à la richesse et à la grandeur de la France, cela est certain, mais qui existent enfin, et qui, par cela même, ont droit à tous les ménagements compatibles avec un retour progressif aux véritables lois commerciales. Notre but, en examinant les résultats produits par les industries privilégiées, a donc été de faire voir tout ce qu'il y a de précaire dans la situation d'hommes occupés à des productions dont le prix de revient est plus élevé en France qu'à l'étranger, et dont, par conséquent, le débouché est restreint dans nos frontières. — La moindre gêne intérieure fait souffrir jusqu'à la mort, les classes malheureuses attachées à ces travaux factices, et, par un contre coup fatal, les représailles que font naître les prohibitions qui protégent ces produits, arrêtent le développement des grandes et belles industries françaises, et rendent dure la situation des ouvriers qui s'y livrent, quoique cependant le sort de ces derniers soit encore meilleur, que celui des industriels que soutiennent les tarifs de douane.

Nos législateurs, par conséquent, au lieu de créer de nouveaux monopoles, doivent chercher à atténuer graduellement ceux qui existent, à reporter le travail sur les branches de notre production qui peuvent avoir le monde entier pour marché. C'est par-là seulement qu'ils pourront assurer, dans l'avenir, l'aisance de la classe ouvrière.

Que l'on étende le marché au dehors, et l'on trouvera, en face de nos véritables industries, un nombre de consommateurs tellement considérable, que le travail ne manquera jamais aux bras de nos ouvriers, ni la vente à nos producteurs.

Le système de la liberté commerciale, en même temps qu'il conduit vers le but social à l'intérieur, en replaçant le travail dans des conditions normales, fait marcher les peuples vers le but général de l'humanité, en les rapprochant par les liaisons intimes qui naissent des échanges commerciaux, en les attachant les uns aux autres par les liens sans nombre qui résultent de ces échanges.

Bordeaux, le 20 Novembre 1845.

Les Membres de la Chambre de Commerce de Bordeaux.

E. DAMAS junior, *Président.* — FÉLIX DELBOS.
CHARLES FAURE. — BRUNO DEVÈS. — Wm FOUSSAT. — HENRY BASSE.
J.-AUG^te. MÉRILLON. — F^x LOPÈS-DUBEC.
PIERRE BOSC. — GOUTEYRON. — WUSTENBERG.
D'EGMONT. — DUFFOUR-DUBERGIER. — STEPHAN BERTIN.

A. VERDIÉ,
Secrétaire.

CH.-AL. CAMPAN,
Secrétaire-Rédacteur.

PIÈCES JUSTIFICATIVES.

N° 1.

Marseille, le 13 décembre 1842.

LA CHAMBRE DE COMMERCE DE MARSEILLE,

A Monsieur le Ministre secrétaire d'Etat au département de l'Agriculture et du Commerce.

Monsieur le Ministre,

Renfermé dans un mandat consultatif, notre Chambre de Commerce croyait devoir s'abstenir de toute initiative dans la question d'Union Douanière; mais certaines craintes hautement manifestées lui ont imposé des obligations nouvelles. Aujourd'hui, que les Chambres de Commerce se sont faites les organes des adhésions ou des résistances au projet en question, nous ne pouvions garder plus long-temps le silence sans nous exposer à le voir interprété contre nos propres convictions, et par conséquent sans faire défaut aux graves intérêts qui nous sont confiés.

D'ailleurs, si le Gouvernement, en présence de certaines manifestations, a cru devoir ajourner l'exécution d'une mesure à la fois politique et commerciale, nous espérons que, renforcé par des adhésions nombreuses et raisonnées, il saura prendre une haute détermination que peuvent combattre quelques épouvantes mal conseillées, mais que commande l'intérêt général du pays.

Le fait qui doit fixer d'abord notre attention, c'est que la Belgique, en raison de son peu d'étendue relative, et de sa position septentrionale, doit naturellement avoir des produits moins variés que la France, dont la grande surface et les latitudes si différentes comprennent à la fois les précieuses denrées du Nord et du Midi.

Ce fait est d'une grande portée dans la question. Tout homme impartial en conclura *à priori* que le projet d'Union Douanière avec la Belgique doit être avantageux à la France, car il ressort nécessairement qu'un profit réel reviendra à la partie contractante qui a le privilége naturel de certains produits.

En d'autres termes, nous avons toutes les industries similaires des industries belges, et, de plus, comme poids dans la balance, nous jetons les produits, soit agricoles, soit manufacturiers de tous nos départements méridionaux.

Cette considération mérite qu'on y réfléchisse ; il ne s'agit de rien moins que d'un important débouché pour les vins, pour le sel, pour les savons, les huiles d'olives, les soies, les garances, et pour d'autres articles d'échange d'autant plus intéressants qu'il ont été avilis, et notamment les vins, par les représailles opposées à notre système protecteur. Sous ce rapport, ces produits se recommandent spécialement à l'attention du gouvernement.

Pour sa part, Marseille (et si nous la nommons, c'est que son intérêt se lie à celui même de la France) deviendrait, en cas d'Union, l'entrepôt général où la Belgique s'approvisionnerait des denrées du Midi, non seulement de la France, mais encore de l'Italie, du Levant, de la Barbarie, etc., etc.

Il suffit de citer ici les gommes, les fruits d'Espagne, les huiles étrangères, les soufres bruts, tous objets de l'entrepôt marseillais, et que notre port fournit à la Belgique, pour pressentir de quelle extension seraient susceptibles les relations auxquelles ils donnent lieu, et quel profit devrait en retirer le pays, si la Belgique prenait en totalité chez nous les articles que nous ne lui fournissons qu'en partie aujourd'hui !

Notre navigation qui rend de si précieux services, et qui, en raison de ses charges, mérite tant d'être encouragée, aurait sous ce rapport beaucoup à gagner, car la Belgique n'a pas une marine importante et qui puisse nous faire une sérieuse concurrence. Dans le mouvement de ses propres ports, elle ne figure que pour un tiers ou un quart; le pavillon français s'emparerait donc du reste. Les navires du Havre importeraient en Belgique les denrées coloniales, et ceux de Marseille les denrées de tout le midi de l'Europe, du Levant et même de l'Inde, dans la supposition très-probable de l'établissement du transit direct par Alexandrie. Ainsi seraient tout naturellement desservis les intérêts maritimes et commerciaux de nos grands ports de l'Océan et de la Méditerranée.

On ne doit point oublier que s'il est avantageux de recevoir des matières premières et d'exporter des produits manufacturés, c'est précisément le cas de notre position vis-à-vis de la Belgique. Ce Royaume nous fournit en grande abondance des instruments de travail à bon compte, et nous lui expédions en retour des objets dont la valeur primitive a été accrue par le labeur intelligent de nos ouvriers.

Nos causes d'infériorité sont toutes passagères; elles tiennent à l'absence de nos chemins de fer, à l'imperfection de nos voies fluviales, aux taux excessifs des droits de péage, à l'égoïsme de nos capitaux, à notre système arriéré de crédit, toutes choses qu'il convient de faire progresser et auxquelles l'association donnera un aiguillon puissant. Au contraire, *nos causes de supériorité ont leur racine dans notre propre sol, et la Belgique ne pourra jamais nous les arracher*. La France est le pays du goût et de la mode; ses produits ne peuvent manquer d'être préférés. L'Angleterre, ce grand atelier du monde, est elle-même notre tributaire pour ces objets délicats et ingénieux de l'industrie française qui ne tiennent point à des procédés mécaniques de fabrication, mais qui sont les résultats de la fantaisie et de l'imagination. Nous ne pouvons donc, à ce point de vue, redouter une alliance avec la Belgique; nous pourrons tôt ou tard arriver à la perfection et au bon marché de tous ses produits quels qu'ils soient et sans exception, c'est pour nous une simple affaire de temps; tandis qu'il sera toujours impossible aux Belges d'avoir l'équivalent de nos denrées méridionales, et d'atteindre au plus grand nombre de ces objets ouvrés que la France doit à un sentiment inné, à une sorte de génie national.

Voilà certes des considérations qui ont bien leur importance; elles reposent en outre sur des faits autrement positifs que les arguments avec lesquels les partisans du système protecteur combattent le projet d'Union.

La substance de ces arguments, c'est que notre fabrication est, en général, très-inférieure à celle de la Belgique; que ce royaume, dont la puissance productive est exagérée, a besoin de déverser son trop plein sur le marché français; que l'industrie belge est pour ainsi dire en liquidation; qu'en l'état, elle vend à perte, et que dès-lors une association quelconque avec ce pays porterait un coup mortel à nos fabriques.

Nous ne nous dissimulons point la gravité de cette dernière objection, pour un temps donné; mais, comme on l'a très-judicieusement fait observer, la réalisation même de l'alliance projetée aura pour effet prochain de mettre fin à cette baisse excessive et tout à fait anormale. Les Belges désirent l'Union précisément pour donner de la valeur à leurs denrées, aujourd'hui à vil prix; il y a là toute une garantie morale pour le fabricant français.

Le taux, par exemple, auquel la Belgique livre actuellement les fers n'est qu'un accident; aujourd'hui elle donne à perte, mais du moment où elle augmentera son débouché, notre alliée haussera ses prix; l'équilibre se rétablira tout naturellement, et d'autant mieux que les industriels belges auront des pertes à réparer. Aussi, leur position malheureuse d'aujourd'hui, qui a été invoquée contre la convenance de l'Union, nous paraît-elle comme une condition très-favorable à l'opportunité de la mesure.

L'Union relèverait incontestablement certains produits de nos voisins;

d'autre part, elle réduirait, au grand profit du consommateur, certains taux exagérés en France. La valeur des fers indigènes tomberait au niveau des prix belges; non aux prix actuels qui sont des prix de faillite, mais aux taux réguliers qui impliquent une vente avec bénéfice, et non une vente à perte. Et grâce au bienfait de cette réduction modérée, la France qui, à la veille de grands travaux, ne peut trop ménager ses ressources, obtiendrait de notables économies, et pourrait exécuter immédiatement son vaste réseau de fer.

Cette considération nous paraît d'un grand poids, car ces travaux d'utilité publique devant être en totalité ou en partie exécutés par l'Etat avec l'argent de l'impôt, ce sera diminuer d'autant la charge du contribuable. Il y a donc, pour les deux peuples contractants, quelque chose d'essentiellement profitable à faire sur ce terrain d'intérêts réciproquement combinés.

Il est évident que l'introduction d'une concurrence active et intelligente tournera au profit des masses. Le consommateur, c'est-à-dire tout le monde, s'applaudira de cet élément nouveau qui aura pour effet certain d'améliorer sa position. Voilà un intérêt grave, un avantage permanent et universel pour le pays. Faudrait-il donc le sacrifier à l'appréhension de quelques inconvénients transitoires, et puisqu'on nous oppose les doléances des fabricants français, peut-on, en vérité, prendre au mot les craintes qu'ils ont formulées, et n'y a-t-il pas exagération dans l'exposé critique des situations comparées.

Lorsque d'honorables industriels, décorés à juste titre de médailles d'or et d'argent, proclament, avec une sorte d'emphase, leur infériorité relative, ne cèdent-ils pas à un sentiment de frayeur aveugle qui rapetisse leur position pour agrandir démesurément celle de leurs rivaux? Quand surtout ces industriels raisonnent de l'avenir par le présent, tiennent-ils assez compte des changements inévitables que doit amener l'Union et qui constituent précisément le bénéfice des deux peuples?

Aujourd'hui les parties travaillent avec des conditions différentes; il est évident que cette inégalité de position, si elle pouvait subsister, conduirait à une fâcheuse conséquence pour l'un des deux peuples. Mais qu'on y fasse attention; l'Union, c'est la suppression de toute inégalité de bases : l'association aura donc pour résultat direct et nécessaire de résoudre le problème en imposant un régime complètement identique à la France et à la Belgique, confondues dans la même société de production et de travail.

C'est là, Monsieur le Ministre, qu'est à nos yeux le véritable siége de la question. Quand les laines, par exemple, qui entrent actuellement en franchise chez nos voisins, seront soumises à nos tarifs; quand les matières tinctoriales accquitteront les mêmes droits, on sera tout étonné de voir que cette prétendue supériorité des Belges, en fait de bon marché, n'est que le résultat d'une position exceptionelle, non point d'une main-d'œuvre perfectionnée. Les ouvriers en Belgique sont moins payés en raison des denrées qui sont, relativement à nous, moins coûteuses; mais du moment que notre système de douanes et d'impôts de consommation occasionera le renchérissement proportionnel sur les principaux objets de l'alimentation populaire de nos voisins, le niveau s'établira nécessairement entre les salaires des ouvriers français et belges. Il est facile de prévoir que le mal apportera lui-même son remède.

Et même nous ajouterons que la production belge en général est loin d'avoir la supériorité qu'on lui attribue ; les chiffres parlent plus haut que tous les raisonnements des industriels alarmistes.

Nous n'en voulons pour preuves que les adhésions intelligentes de Lyon, de Nîmes, de Mulhouse et de Rheims, ces métropoles manufacturières représentant les grands intérêts des soies, des cotons et des laines, et qui ont hautement proclamé qu'elles ne redoutaient point la concurrence, et qu'elles appelaient de tous leurs vœux une association commerciale qui, dans leur conviction, devait tourner au profit et à la grandeur de la France.

N'y a-t-il pas là un contre-poids à ces assertions contraires avancées par d'autres centres d'industriels ? Ne ressort-il pas clairement de ces démonstrations, en quelque sorte contradictoires, que certaines craintes sont au moins exagérées ? Et le gouvernement, qui doit opter entre un simple effet de la peur et un juste sentiment de confiance nationale, peut-il un moment hésiter ? Pour nous, indépendamment des hautes considérations et des grands principes qui militent en faveur de l'Union, notre marche est tout naturellement tracée par l'initiative qu'ont prise les cités industrielles de la riche vallée du Rhône auxquelles nos intérêts maritimes et coloniaux sont étroitement liés.

Apres de pareilles adhésions, notre Chambre de Commerce croirait véritablement superflu d'indiquer que les exportations belges en tissus de coton ne sont que de 6 millions, c'est-à-dire, dix-sept fois moins considérables que les nôtres; qu'en 1841 la Belgique n'a exporté de draps et de tissus de laine que pour 15 millions, tandis que nous en avons écoulé pour soixante-quatre ; enfin qu'en draperie seule, notre exportation a atteint le chiffre de vingt-un millions et demi. Preuve évidente que la Belgique ne peut donner à meilleur compte que nos fabricants, puisque sur des marchés où ses produits sont admis aux mêmes conditions que les nôtres, nous conservons encore une telle supériorité.

Nos raffineries de sucre voient actuellement le cercle de leurs débouchés extérieurs se restreindre toujours davantage par la concurrence, soit des Hollandais, soit des Belges, qui, favorisés par leur drawback, ont des soieries supérieures aux nôtres ; par conséquent, l'Union Douanière qui soumettrait les Belges et les Français aux mêmes rendements, rendrait un service inappréciable à nos fabriques. Elle nous permettrait de disputer les marchés étrangers à armes égales, et dès-lors Marseille reprendrait naturellement les avantages de sa position, aujourd'hui compromise.

Ce point est essentiel pour l'exportation des produits de la raffinerie française, et par suite l'association projetée tournerait encore au profit de nos intérêts coloniaux.

Cette considération, jointe à l'appréciation des besoins de la Belgique qui consomme actuellement 20 millions de kilogrammes de sucre exotique, doit certainement rassurer sur certaines appréhensions qu'ont d'abord inspirées les sucreries indigènes de nos voisins ; elle tend peut-être à simplifier, plus qu'on ne croit, la question coloniale à l'endroit de l'Union.

Nous ne relèverons point cette objection banale qui repose sur la différence numérique des populations. C'est là une de ces armes à la fois offensives et défensives que l'on exploite avec un égal succès des deux côtés, et nous pensons que cette disproportion est toute à l'avantage du grand confédéré. Mais, sans entrer dans les considérations politiques qui viennent à l'appui de cette conclusion, et pour nous en tenir au côté commercial qui doit surtout nous préoccuper, nous répondons que si la population belge est moindre, elle a proportionnellement des facultés consommatrices plus grandes qui, par conséquent, rendent la différence du chiffre moins sensible. La Prusse aussi, en 1832, lorsqu'il était question du zolwerein, opposait à l'Union projetée, et à l'encontre de la Saxe, des arguments analogues à ceux que quelques industriels font valoir. Alors, comme aujourd'hui, on parlait de la supériorité industrielle de la Saxe et de son petit nombre de consommateurs. Or, la suite a prouvé que ces appréhensions n'étaient point fondées, et, qu'en résultat, le renversement des barrières tournait au profit de toute la communauté.

Les mêmes causes produiront, chez nous, les mêmes effets, nous en avons la conviction intime; avec cette différence, toutefois, que la haute échelle sur laquelle seront appliqués les principes d'économie politique, par l'association franco-belge, donnera au projet en question une signification proportionnée à l'importance des contractants. Grâce à cette association, la France conquiert, sans coup-férir, ses frontières naturelles, avec une ligne imposante de forterresses; précieux résultat que nous achèterions au prix de notre sang, et qui ne coûtera au pays aucun sacrifice qui ne soit largement compensé.

Nous laissons, Monsieur le Ministre, à votre expérience consommée et a votre haute position le soin d'envisager ce côté spécial de la question; c'est à vous aussi qu'il appartient de veiller aux intérêts de nos nationaux, en ménageant des mesures transitoires. Nous nous reposons, avec confiance, sur la sagesse d'un gouvernement essentiellement conservateur, pour éviter, par des tempéramments habilement combinés, la perturbation que pourrait produire un choc inattendu.

L'industrie métallurgique se recommande surtout à votre attention. Reconnaître que la fabrication des fers et des machines à vapeur peut être compromise, c'est faire preuve d'impartialité, et fortifier ainsi nos arguments en faveur de l'Union Douanière; car on y verra que nous n'apportons dans ce grave débat, rien de systématiquement exclusif.

Une grande nation comme la France doit produire ses fers et ses machines, cet aliment essentiel de force et de puissance. Ce sentiment domine dans nos institutions. Des faveurs, poussées jusqu'à l'exagération, ont été long-temps accordées aux maîtres de forges, au préjudice de graves intérêts. Aussi hésiterions-nous, s'il ne s'agissait que des fers au bois, à montrer la moindre sympathie pour cette industrie, favorisée outre mesure; mais il serait injuste de ne pas reconnaître les louables efforts des usines qui traitent le fer au coke, et qui, malgré l'accroissement énorme de la consommation, ont pu livrer leurs produits avec une réduction de 25 p. 100. Cette diminution progressive est bien loin encore des résultats belges; mais cette industrie, toute récente en France, n'a pas dit son dernier mot; et on peut raisonnablement compter sur une réduction nouvelle et très-notable, surtout, si l'on considère que le mauvais état des communications, cause principale de la cherté, est bien près de cesser par l'ouverture des canaux de navigation.

Ouvrir tout-à-coup notre grand marché aux fers de nos voisins, dans un moment où nos usines entrent à peine dans la carrière du perfectionnement, serait porter un rude coup à cette branche importante de notre industrie nationale. Nous croyons donc qu'il serait juste, autant qu'utile, de ménager cette production par des mesures transitoires, telles, par exemple, qu'une échelle de droits décroissant successivement jusqu'à l'abolition du droit protecteur, mesures qui s'appliqueraient à la fois aux fers et aux machines à vapeur.

En résumé :

Considérant que la France trouve dans l'Union Douanière un bénéfice provenant du débouché ouvert aux produits de ses départements méridionaux, produits sans équivalent en Belgique;

Considérant que les industries similaires des deux pays sont réciproquement dans des conditions convenables, ainsi que le fait résulte des relevés officiels de nos exportations;

Considérant que s'il existe actuellement quelque avantage de position, ils cesseront par le seul fait de l'égalisation des impôts et des charges, du moment que l'association sera sanctionnée ;

Considérant que l'industrie métallurgique, la seule qui pourrait concevoir des craintes sérieuses, se trouve, par le vote des chemins de fer, en perspective d'un vaste aliment de travail ; que, dès-lors, la transition se trouve tout naturellement ménagée ; considérant d'ailleurs que l'économie qui doit résulter de l'association, quant aux prix des fers, sera tout au profit de précieuses voies de communication dont elle facilitera l'établissement ;

Considérant que le consommateur trouvera avantage à l'introduction d'une concurrence qui procurera, sur beaucoup de matières, de notables réductions de prix ;

Considérant que si la Belgique a une population moindre que la France, elle a proportionnellement des facultés consommatrices plus grandes, et qu'ainsi tout se trouve à peu près compensé ;

Considérant, enfin, que cette association augmente non-seulement notre importance maritime et commerciale, mais encore notre influence politique en agrandissant le cercle de notre défense territoriale, aujourd'hui compromise et tronquée par l'effet de traités onéreux :

Par toutes ces considérations, notre Chambre est d'avis qu'une association douanière de la France avec la Belgique ne peut tourner qu'au profit et à la grandeur des parties contractantes, et qu'elle sera particulièrement profitable à la France ; elle émet, toutefois, le vœu que l'union soit accompagnée de mesures transitoires et habilement ménagées ; elle recommande spécialement à la sollicitude du Gouvernement, la fabrication des fers et des machines à vapeur, industrie trop intéressante pour ne pas réclamer la stipulation de réserves qui devront être signalées dès l'ouverture des négociations.

Nous sommes avec respect etc

(*Suivent les signatures*)

N° 2.

CHAMBRE DE COMMERCE DE MONTPELLIER.

Montpellier, le 16 Novembre 1842.

A Monsieur le Ministre de l'Agriculture et du Commerce.

Monsieur le Ministre,

Dans les rapports trimestriels qu'elle a eu l'honneur de vous adresser, la Chambre s'est prononcée en faveur du projet d'Union Douanière avec la Belgique.

Aujourd'hui que des manifestations intéressées semblent vouloir paralyser la volonté du Gouvernement et arrêter une mesure aussi favorable à la grandeur qu'aux vrais intérêts du pays, la Chambre de Commerce de Montpellier doit vous déclarer qu'à ses yeux ce projet sera éminemment avantageux aux principales industries du département qu'elle représente, et qu'elle n'y froissera aucun intérêt.

Nous n'avons pas besoin de vous rappeler la situation pénible de notre industrie vinicole : le Gouvernement en est justement préoccupé, et nous n'avons cessé d'appeler son attention sur un sujet aussi grave.

Nous considérons l'Union avec la Belgique comme une des mesures les plus propres à améliorer la position de cette importante industrie, et nous nous réunissons à l'opinion exprimée par la Chambre de Commerce de Bordeaux.

Quoi qu'on puisse penser de l'influence des habitudes en Belgique, il est impossible de croire que la suppression des douanes, et la réduction des droits de consommation, qui serait la conséquence de l'Union, n'amènerait pas une augmentation de consommation chez une population riche de quatre millions d'individus.

Le résultat de l'Union, dans un temps plus ou moins éloigné, serait l'assimilation des deux pays sous le rapport économique, et les produits du Midi, qui trouvent dans le Nord de la France leur meilleur et leur plus sûr débouché, éprouveraient bientôt les heureux effets de cette sorte d'agrandissement de notre territoire.

Ce que nous disons de nos vins s'applique également à l'industrie séricole. La Belgique ne produit ni ne travaille la soie, et la France et notre département en particulier ont un intérêt immense à s'assurer ce débouché par l'Union.

Mais notre département n'est pas seulement agricole, il est aussi manufacturier. Sous ce rapport, son importance est aussi très-grande : eh bien! nous ne craignons pas d'affirmer que nos fabriques, et spécialement celles de draps et tissus de laine, ne font aucune opposition au projet d'Union. La plupart de ces fabriques exportent à l'étranger ; elles luttent avec avantage contre la Belgique et l'Angleterre. Elles ne doivent pas plus craindre la concurrence belge en France, qu'elles ne la craignent aujourd'hui au dehors ; et nous devons dire que nos manufacturiers sont assez éclairés pour le comprendre et pour ne point céder aux craintes chimériques qui, ailleurs, ont produit de si fâcheux effets. — Aussi, Monsieur le Ministre, dans notre département et dans le Midi entier, de grands, de respectables intérêts demandent l'Union ; aucun ne la repousse.

Permettez-nous d'ajouter qu'en principe, chaque fois que tombe une barrière, le Commerce retrouve une nouvelle vie. Des rapports nouveaux se forment et donnent souvent des avantages que l'on n'avait pas prévus. Il est un seul cas où l'abaissement des barrières de douanes peut produire de mauvais résultats, c'est celui où un peuple pauvre, paresseux, inintelligent, s'unirait à un peuple riche et laborieux. Mais peut-on dire que telle est la position de la France vis-à-vis de la Belgique? Et quand les deux peuples seront placés dans les mêmes conditions de productions, la France peut-elle concevoir une crainte raisonnable? On ne saurait le penser.

La France a donc tout à gagner, selon nous, à l'Union avec la Belgique. Elle y trouvera des consommateurs nombreux pour les produits dont elle est encombrée ; et si elle y trouve aussi des producteurs, elle les y trouvera placés dans des conditions analogues aux producteurs français ; car il nous est impossible de voir quel est l'avantage réel des producteurs belges sur les producteurs français.

Nous n'avons pas besoin d'insister plus long-temps sur l'importance générale de l'Union, ni sur la position qu'elle nous donnerait pour traiter avec les puissances étrangères, non plus que sur les dommages qui résulteraient de l'accession de la Belgique aux Douanes allemandes ; qu'il nous suffise de joindre notre voix à celles qui demandent cette mesure, et repoussent les craintes chimériques de quelques intérêts égoïstes et méticuleux.

Nous vous prions, Monsiuer le Ministre, de mettre notre opinion sous les yeux du Conseil de Sa Majesté.

Nous sommes, etc.

Les Membres de la Chambre de Commerce de Montpellier.

P.-D. Farel, président.

N° 3.

CHAMBRE DE COMMERCE DE NISMES.

Délibération de la Chambre de Commerce de Nismes.

Du 9 novembre 1842.

Présents : MM. E. Delacorbière, président; A. Molines, P. Curnier, E. Bonnaud, L. Laffitte, J. F. Noury, Benoit Bernard, A. Conte.

La Chambre de Commerce, sur l'exposé qu'a fait M. le Président, a délibéré que la lettre suivante serait adressée à M le Ministre des Affaires étrangères.

Monsieur le Ministre,

Des intérêts exclusifs et remuants, se disant les organes de toutes les industries agricoles et manufacturières, ont, par une récente manifestation, attiré l'attention de la France entière. Dans ce grand débat, nous ne saurions demeurer indifférents, et la Chambre de Commerce de Nismes, fidèle au système de liberté commerciale qu'elle a constamment défendu, doit faire entendre sa voix au nom des vrais intérêts nationaux.

Le gouvernement a conçu le projet de l'Union Douanière de la France avec la Belgique; nous applaudissons à cette grande pensée, et nous appelons de tous nos vœux sa réalisation.

Le département du Gard est à la fois agricole et manufacturier; les deux industries qu'il exploite sont les produits les plus importants du sol français : les vins et les soieries.

La culture de la vigne intéresse la fortune et l'existence de six millions de Français; sa production peut s'élever à six cent millions de francs, elle occupe plus ou moins 76 départements; elle est la principale ressource de ceux du Midi. Ce malheureux produit, écrasé par l'impôt et les entraves fiscales à l'intérieur, est repoussé à l'extérieur en représailles de notre système prohibitif. Le propriétaire vinicole est réduit à cette résolution désespérée, d'abandonner le sol dont le produit ne couvre pas les frais d'exploitation.

Les fabriques de soieries occupent presque toutes les communes de notre département et les villes les plus importantes du royaume. L'exportation est la condition de vie essentielle pour cette industrie, et le principe le plus actif de sa prospérité. Cette précieuse ressource est aujourd'hui compromise sur tous les points de nos relations extérieures, et, de là, viennent ces crises qui viennent périodiquement suspendre la fabrication à Lyon, Saint-Étienne, Avignon, Nismes, inquiéter le Gouvernement et frapper dans leurs existences les populations ouvrières.

Notre système de douanes, fondé sur l'exclusion des produits étrangers, nous a valu des représailles rigoureuses, et nous voyons s'aggraver, de jour en jour, le principe de rétorsion, proclamé par l'Association allemande, contre les nations étrangères, jusqu'à ce qu'elles aient reconnu celui de la liberté commerciale. Nos taxes exorbitantes sur les bestiaux, les fers, la houille et les autres produits de nos voisins ont amené cette situation, et le haut prix auquel ces produits se sont élevés en France est devenu une charge énorme, non-seulement pour la généralité des consommateurs, mais encore pour toutes les industries.

Nous réclamons la réforme de notre système de douanes au nom de deux industries éminemment françaises: les vins et les soieries; et que l'on n'oublie pas que le produit le plus sûr est celui du sol, et que, dans celui-là seul, se trouve enracinée la richesse d'un pays. Nous dirons aussi que sous le point de vue commercial, comme dans une haute et bonne économie politique, il n'existe d'industries vraiment nationales, d'industries vraiment dignes de l'intérêt d'un gouvernement éclairé, que celles qui alimentent le commerce d'exportation, et servent à établir la balance commerciale dans les relations de peuple à peuple. Un pays privé de produits d'exportation s'épuise, s'appauvrit et se trouve bientôt réduit au triste spectacle de l'émigration de ses enfants. La Chambre de Commerce de Nismes, forte de ces convictions, déclare donc, au nom des intérêts les plus chers de l'industrie agricole et manufacturière, que l'Union Douanière avec la Belgique doit être l'objet de la sollicitude la plus sérieuse du Gouvernement du roi, et que, laisser ce peuple voisin et ami chercher des alliances en dehors de la France, serait porter un coup funeste à nos fabriques et à notre commerce.

La Chambre de Commerce compte, M. le Ministre, sur votre patriotisme éclairé; elle s'adresse à vous, chargé spécialement de la direction de la politique de la France à l'égard de ses alliés; elle espère que le gouvernement, accédant à ses vœux, agrandira nos relations commerciales et donnera de nouveaux et importants débouchés à nos fabriques et à nos produits.

N° 4.

EXTRAIT *du Procès-Verbal de la séance de la Chambre de Commerce de Lyon,*

Du 3 Novembre 1842.

M. le Président s'exprime ainsi :

« Messieurs,

» A chaque occasion qui s'est présentée de manifester votre opinion sur des questions de la nature de celles dont je viens vous entretenir, soit que vous ayez été consultés par le Gouvernement, soit que vous ayez cru devoir prendre l'initiative, vous avez exprimé des vœux favorables à l'abaissement des droits de douane de toute espèce, qui ralentissent le mouvement et les échanges internationaux; je n'ai pas besoin de vous rappeler les motifs puissants d'intérêt économique et pratique qui ont déterminé vos convictions; et si je vous rappelle seulement les vœux émis, les avis exprimés, c'est qu'il me paraît convenable d'en renouveler la manifestation, en présence des coalitions prohibitionistes qui se forment, et dont l'existence et les efforts nous sont signalés par la presse tout entière.

» Certains intérêts industriels de la France jettent des cris d'effroi, à l'idée de l'Union Douanière franco-belge, et semblent, par leurs alarmes, vouloir mettre un obstacle insurmontable à tout progrès dans les échanges internationaux. Ne penserez-vous pas, Messieurs, qu'il convienne, qu'en présence de démonstrations si vives et si passionnées, la Chambre de Commerce de Lyon fasse, de nouveau, acte de sympathie pour toute mesure du Gouvernement du Roi, qui aura pour résultat d'élargir le cercle si restreint dans lequel s'opèrent nos échanges commerciaux? »

La Chambre prenant en considération l'exposé de son Président, en fait le sujet d'une discussion approfondie, qui est suivie de la délibération ci-après :

« La Chambre de Commerce de Lyon,

» Considérant que si, d'une part, certaines industries dont l'existence est basée sur la protection, s'effraient, outre mesure, de toute réforme de douane qui peut changer leur position, déclarant se contenter du marché national et ne pouvoir soutenir la concurrence des industries similaires étrangères; d'autre part, de nombreuses industries agricoles et manufacturières ne peuvent recevoir le développement dont elles sont susceptibles et assurer leur prospérité, que par la consommation étrangère;

» Considérant que la plupart de ces industries protégées qui s'alarment, avec exagération, de la concurrence étrangère, peuvent être mises en meilleure position de lutter avec elle, par l'abaissement des droits sur les matières premières;

» Considérant que la première et la plus essentielle des conditions de prospérité de toutes les industries, c'est le maintien de la paix générale, et que le moyen le plus efficace de conserver aux nations ce précieux bienfait, c'est de les unir entr'elles par les intérêts commerciaux;

» Émet le voeu :

» Que le Gouvernement du Roi s'occupe, avec activité, d'augmenter les échanges internationaux, soit par des traités de commerce, soit par tout autre moyen qu'il jugera convenable; s'en rapportant à sa sagesse pour ménager la transition du système restrictif actuel, à un système plus libéral.

» Et sera la présente délibération adressée à M. le Ministre de l'Agriculture et du Commerce. »

N° 4 (*bis*).

Discours adressé à S. A. R. Mgr le duc de Nemours,

par M. Brosset, *Président de la Chambre de Commerce de Lyon, le septembre* 1843.

Monseigneur,

La Chambre de Commerce de Lyon présente à Votre Altesse Royale l'hommage de son respectueux dévoûment; elle vous prie d'être son interprète auprès du roi, et de faire agréer à Sa Majesté l'expression de la reconnaissance que lui inspire sa sollicitude incessante pour le bonheur et la prospérité de la patrie.

La Chambre de Commerce s'estimera heureuse, si vous voulez bien, Monseigneur, après avoir écouté l'hommage des sentiments dont elle est animée pour Votre Altesse Royale, pour le roi et pour son auguste famille, recueillir les vœux qu'elle forme pour la prospérité du commerce et de l'industrie qu'elle représente.

La liberté des échanges internationaux est au premier rang des moyens d'assurer et d'accroître notre prospérité industrielle : nous ne nous dissimulerons pas les obstacles qui s'opposent à cette émancipation commerciale ; mais, en considérant combien la France apprécie les bienfaits de la paix dont elle jouit et qu'elle doit à la haute sagesse du roi, quel prix elle attache à la conservation de cette paix si féconde et toujours honorable, nous trouvons les éléments de l'émancipation que nous appelons de nos vœux ; car la paix ne saurait être désormais assurée que par la fusion des intérêts commerciaux entre les nations; ainsi, le moment viendra sans doute où les hommes éclairés de toutes les industries reconnaîtront que la liberté du commerce constitue l'état normal pacifique de l'Europe et du monde.

L'établissement des chemins de fer et l'amélioration des voies navigables intéressent la France entière à un haut degré; le Commerce de Lyon attache le plus grand prix à celles de ces voies qui desservent son rayon d'activité commerciale ; nous avons accepté, comme un bienfait, le chemin de fer du Rhône à la Méditerranée, mais cette nouvelle voie ne saurait produire tout son effet utile si la navigation du Rhône n'était pas promptement améliorée. Nous savons que le Gouvernement du Roi en reconnaît la nécessité, et nous sommes persuadés que nos vœux seront suivis d'une prompte exécution, si vous daignez, Monseigneur, vous en rendre le bienveillant interprète.

(*Moniteur Universel*. —Septembre 1843).

N° 4. (*ter*).

INDUSTRIE LYONNAISE.

M. Terme, maire de Lyon, MM. Fulchiron, de Leullion, de Thorigny et Martin, députés du Rhône, ont eu l'honneur d'être admis à présenter à Sa Majesté, au nom de l'industrie lyonnaise, une pétition revêtue de trois cents signatures des négociants et fabricants les plus notables de Lyon. Dans cette pétition, où sont exposés les besoins et les souffrances de l'industrie lyonnaise, nous remarquons les passages suivants :

« Malgré la paix que la France doit à votre sagesse, notre industrie souffre profondément. Les crises commerciales qui se multiplient et se prolongent, jettent dans la misère une grande partie de notre population.

» Repoussés par quelques États de l'Europe, nos produits ne sont admis par beaucoup d'autres qu'avec des droits exagérés. Ainsi les marchés de l'Autriche, de l'Italie, de l'Espagne et de la Russie nous sont presqu'interdits.

» L'Allemagne diminue chaque jour ses achats, parce que nous repoussons la plupart des articles qu'elle pourrait nous vendre.

» L'Angleterre impose nos soieries de 20 et 40 p. 100, et le tarif des États-Unis d'Amérique frappe, d'un droit de 20 à 25 p. 100, les étoffes riches d'une consommation limitée, et de 40 à 50 p. 100 celles de grande consommation.

» Si une telle situation devait se prolonger, elle amènerait infailliblement la ruine de notre industrie.

» C'est pourquoi, Sire, nous appelons de tous nos vœux l'adoption d'un système de Douanes plus libéral, qui, par des concessions raisonnables, ouvrirait, à nos produits, des marchés qui leur sont fermés, et ferait modifier les droits dont ils sont frappés sur ceux où ils sont admis.

» On annonce bien quelques projets de traités de Commerce ou d'Union qui nous soulageraient en augmentant nos moyens d'échange; mais aucun n'est encore conclu, et nous devons craindre qu'ils ne deviennent impossibles ou insuffisants lorsque nous voyons les intérêts individuels se substituer aux intérêts généraux, et des hommes éminents se coaliser contre ces traités au nom de ce qu'ils nomment le travail national.

» Nous qui sommes les agents d'une industrie qui ne demande au pays, qu'elle enrichit, ni primes, ni prohibitions, ni droits protecteurs; d'une industrie qui, pour faciliter au Gouvernement les transactions internationales, est toujours disposée à renoncer aux faveurs que la législation lui a faites; d'une industrie qui contribue puissamment aux progrès de l'agriculture nationale en lui demandant annuellement pour plus de cent cinquante millions de matières premières; d'une industrie qui, lorsqu'elle est active, fournit, à l'exportation officielle, plus de cent soixante millions de produits manufacturés, dont le tiers est main-d'œuvre.

» Nous croyons que cette industrie est vraiment nationale et que notre travail est bien plus le travail national que celui des industries à privilèges qui ne vivent ou ne croient pouvoir vivre qu'à l'abri de primes que nous payons tous, et de prohibitions que nous payons encore et doublement, soit par le renchérissement des objets prohibés, soit par les représailles qu'elles provoquent et qui frappent les produits des industries avancées comme la nôtre.

» Sire, les manifestations les plus multipliées qui s'élèvent contre les traités de Commerce nous inquiètent vivement pour l'avenir, et c'est au pouvoir constitutionnel le plus élevé et le plus libre de passions et d'intérêts, que nous venons respectueusement, et avec confiance, adresser l'expression de nos craintes et de nos vœux.

» Ah ! Sire, si nos intérêts étaient en opposition avec ceux du pays, avec la grande et sage politique de Votre Majesté, nous n'oserions élever la voix et nous saurions souffrir en silence ; mais il n'en est pas ainsi : la politique imprimée à la France par votre Majesté, c'est celle du progrès par la paix, par l'association des peuples au moyen des échanges de toute nature, et non cette politique d'isolement qu'on voudrait imprimer à votre Gouvernement, sous le prétexte de la protection du travail national et du respect des intérêts existants.

» C'est, forts de ces convictions, que nous supplions votre Majesté de protéger les principes qui nous semblent menacés et qui sont la base de notre prospérité. »

(*Mars* 1843).

N° 5.

Discours adressé par M. Arquillière, *Président du Conseil des Prud'hommes de Lyon, à Monseigneur* le Duc de Nemours.

Le conseil des Prud'hommes a été admis devant le Prince, qui l'a accueilli avec une bienveillance dont les membres de cette assemblée garderont le souvenir. M. Arquillière, son président, s'est exprimé de la manière suivante :

« Le conseil des prud'hommes prie Votre Altesse Royale d'agréer ses respectueux hommages.

» Il salue en vous, Monseigneur, l'illustre Prince appelé à tenir un jour les rênes de l'Etat, et il est heureux de pouvoir contempler à vos côtés une auguste princesse que la France admire et honore.

» Votre sollicitude pour le bonheur de la France vous fait rechercher ce qui peut être utile aux populations que vous visitez.

» Le conseil des prud'hommes croit donc répondre à vos bienveillantes intentions, en vous faisant connaître les besoins de la principale industrie représentée dans son sein.

» La soierie livre à la consommation pour plus de 150 millions de francs par année, dont le tiers est distribué en main-d'œuvre.

» Indépendamment des deux cent mille ouvriers de tout genre qu'elle occupe dans sa circonscription industrielle, ses produits intéressent plus de vingt départements du midi, pour lesquels la soie est la principale ressource.

» Une industrie aussi importante a besoin de nombreux et faciles débouchés. Elle les obtiendra lorsque le système de prohibition ou de droits élevés sera remplacé par une tendance à l'affranchissement et à la liberté des échanges.

» Des traités de commerce basés sur des concessions raisonnables, en permettant aux produits étrangers d'être admis en France, sous des taxes réduites, feront abaisser les droits exorbitants qui pesèrent sur nos soieries et entravent nos exportations.

» Les rapports commerciaux deviendront alors plus nombreux et plus réguliers. La fortune nationale s'accroîtra, et le sort des travailleurs sera mieux assuré.

» Tels sont les vœux du conseil des prud'hommes de Lyon.

» Il les place sous le haut et puissant patronage de votre Altesse royale.

» Le bienveillant appui que vous daignerez leur accorder, ajoutera encore à la profonde reconnaissance dont nous sommes pénétrés pour le Roi, dont la vie entière est consacrée au bonheur de la France, et pour vous, Monseigneur, qui continuerez son œuvre, et conserverez à nos enfants la paix et la liberté. »

N° 6.

EXTRAIT DU DISCOURS

Adressé par M. le MAIRE DE LYON *à Monseigneur le* DUC DE NEMOURS, *le* 20 *Septembre* 1843.

« Placée dans le monde commercial au premier rang des cités que le travail vivifie, reine d'une des plus fécondes industries dont s'enorgueillit la France, la ville de Lyon, mieux que tout autre, sait que sa prospérité repose sur une paix honorable et digne ; elle sait que sans l'ordre public, conséquence nécessaire du respect des lois, tous les efforts pour assurer le bien-être des classes ouvrières resteraient impuissants. La paix au dehors, l'ordre à l'intérieur ont assuré notre passé ; ils seront aussi, Monseigneur, les garanties de notre avenir.

» Ce double bienfait, que nous devons à la sagesse du Roi et à la force de nos institutions, a maintenu notre prospérité dans les jours de crise industrielle, et l'a fait grandir dès que les circonstances sont devenues plus favorables.

» Le monde est entré dans une voix nouvelle : aux luttes sanglantes de la conquête ont succédé les luttes pacifiques de l'industrie. Pour triompher dans ces luttes, Lyon se confie en ses forces et son activité ; il ne demande point à combattre derrière les remparts de la protection. Les barrières que la guerre élevait entre les peuples sont tombées à la voix de l'humanité; puissent celles que les douanes leur ont substituées, tomber, à leur tour, à la voix des intérêts matériels bien compris ! La liberté commerciale seule peut développer le génie créateur et resserrer l'alliance des peuples...... »

(*Moniteur Universel*, 24 septembre 1843).

N° 7.

Extrait d'un Mémoire de la Chambre de Commerce de Saint-Étienne.

« Le Gouvernement aura à se prononcer entre les industries qui trouvent dans le sol, dans le climat, dans les divers avantages particuliers au pays et dans les facultés industrielles de sa population, toutes les conditions de leurs succès, et celles qui se soutiennent, ou qui du moins croient ne pouvoir se soutenir qu'à l'abri des droits élevés et des prohibitions.

» Les premières n'imposent aucun sacrifice au consommateur, aucune restriction aux autres industries; le maintien de la paix, et tout ce qui peut multiplier les relations entre les peuples, sont pour elles autant d'éléments de prospérité; il n'y a jamais lieu de redouter leur développement, attendu que, sous un régime de liberté, leurs débouchés ne sauraient être restreints par la concurrence étrangère, les conditions qui déterminent leur supériorité étant en quelque sorte inhérentes au pays et à sa population.

» Il n'en est pas de même des industries protégées par les tarifs : celles-ci obligent les consommateurs à payer leurs produits beaucoup plus cher qu'ils ne les paieraient s'il y avait libre concurrence. En empêchant l'introduction des produits étrangers, elles nuisent au développement de toutes les industries pour lesquelles nous possédons la supériorité; elles sont intéressées à l'isolement des États et elles en proclament la nécessité; enfin, les développements qu'elles reçoivent, par suite de la protection douanière, peuvent attirer les capitaux et les facultés industrielles dans de mauvaises voies, d'où ils ne pourraient être retirés, en cas qu'il devînt nécessaire de supprimer plus tard cette protection, sans de grands sacrifices. »

N° 8.

CHAMBRE DE COMMERCE D'ARRAS,

A Monsieur le Ministre secrétaire d'Etat au département de l'Agriculture et du Commerce.

Monsieur le Ministre,

En posant les bases d'un traité qui devait donner toute liberté pour le Commerce entre la France et la Belgique, le Gouvernement du Roi voulait réaliser un projet éminemment utile, moral et avantageux à la France.

Mais au milieu de l'approbation générale qui est venue accueillir cette heureuse conception, quelques intérêts particuliers plus alarmés que réellement menacés, ont élevé des plaintes très-vives, et des démonstrations énergiques de leur part paraissent avoir eu pour résultat l'ajournement du traité dont il s'agit.

Les résolutions d'une haute portée ont toujours rencontré des obstacles, et la guerre elle-même, quand elle vint à cesser, n'a-t-elle pas laissé des regrets dans certaines maisons de commerce et d'industrie, d'ailleurs très-honorables? Il devait en être ainsi de l'union commerciale entre la Belgique et la France.

Cependant, M. le Ministre, aucune objection sérieuse n'a été présentée jusqu'ici par les adversaires de l'Union Douanière; « La Belgique produit » trop et à trop bon marché, disent-ils; le Gouvernement doit nous laisser » vendre nos fers et nos machines sous le régime protecteur actuel, et à

» ce prix, nos ateliers resteront ouverts aux nombreux ouvriers qui y
» trouvent de l'emploi. »

Tout en reconnaissant, avec les maîtres de forges et les constructeurs, que l'Union peut déplacer et froisser momentanément leurs intérêts ; tout en rendant justice aux efforts qu'ils ont faits pour soutenir la concurrence étrangère, nous ne pouvons donner à ces considérations une valeur telle, qu'elle puisse déterminer l'ajournement indéfini de l'Union Douanière.

En effet, à côté des fers qui pourront faire l'objet d'une exception temporaire, en les ramenant graduellement à l'égalité, beaucoup d'autres industries, et en général le Commerce de toute la France, attendent de nouveaux débouchés et de nouveaux moyens d'échange par suite de l'Union projetée.

Et pour ce qui concerne la Chambre de Commerce d'Arras, le commerce des toiles, des charbons, des graines oléagineuses, la fabrication de l'huile et des tourteaux, éprouvent des entraves qui nuisent essentiellement au développement de chacune de ces branches de commerce et d'industrie.

TOILES.

Avant la séparation de la Belgique, le commerce des toiles du nord était d'une grande importance à Arras et autres villes des environs ; actuellement les formalités à remplir à l'entrée en France nécessitent, ou la présence permanente du négociant français près des bureaux des douanes, pour y défendre ses intérêts, ou la présence d'un fondé de pouvoirs, mesures qui entraînent des frais et des embarras tels, que beaucoup de négociants préfèrent acheter en secondes mains, c'est-à-dire, aux négociants mieux placés pour la réception des marchandises et l'acquit des droits.

CHARBONS.

Dans diverses circonstances, nos constructeurs de machines ont fait valoir que le haut prix du combustible en France était une des causes qui tenaient le prix de leurs produits plus élevé qu'en Belgique et en Angleterre ; avec les constructeurs, les fabricants de sucre et les industriels qui font usage de fourneaux, verraient avec plaisir arriver en franchise les charbons belges dont la qualité est appréciée.

GRAINES OLÉAGINEUSES.

Le Pas-de-Calais, spécialement dans sa partie sud, est sillonné heureusement d'un grand-nombre de cours d'eau, dont on ne faisait guère usage que pour la mouture des graines consommées dans le pays. Aujourd'hui de nombreuses et importantes usines s'élèvent partout où il y a une chute d'eau, tant pour la fabrication des huiles que pour celle des farines à consommer et à exporter.

Pour les huiles à manger, la graine se produit dans un rayon rapproché, de sorte qu'il faut se borner à fabriquer ce que produit la localité. Mais, à l'égard des autres espèces d'huiles, nos usines chômeraient plusieurs mois de l'année si les fabricants ne faisent venir du nord, non sans de grandes difficultés, une partie des graines nécessaires à leur alimentation. La fabrication des huiles attend donc un développement notable de la libre entrée des graines oléagineuses.

Notre agriculture, dont les produits en ce genre seront toujours insuffisants, n'a rien à redouter de l'introduction des graines étrangères, car, à l'exception des tourteaux, la marchandise s'expédie aussitôt pour l'intérieur de la France et les diverses contrées de l'Europe avec lesquelles des relations sont établies.

TOURTEAUX.

Cette denrée, qui forme aujourd'hui un commerce proportionné à celui des huiles, deviendrait plus abondante sur nos marchés, et nos cultivateurs pourraient l'obtenir à meilleur compte.

Enfin, une infinité d'autres articles ne peuvent plus s'échanger, ou se vendre chez nos voisins, depuis qu'une barrière presque infranchissable, nous en sépare. N'en est-il pas de même pour les autres départements, et notamment pour nos vignobles?

CONSIDÉRATIONS GÉNÉRALES.

Les principales productions de la Belgique proviennent :

1° De l'agriculture ;

2° De l'industrie commerciale et manufacturière;

3° De l'exploitation des usines.

En ce qui concerne l'agriculture, les Belges ne produisent pas à meilleur compte que dans le nord de la France, leurs denrées conservent toujours à peu près le même prix que les nôtres, et de ce côté nos cultivateurs n'ont rien à craindre de la libre circulation ; loin de là, la Belgique et la Hollande leur ont toujours offert des engrais qu'ils emploient très-utilement.

L'industrie commerciale et manufacturière souffre en Belgique, comme elle souffre ailleurs. Le moindre débouché peut la soulager, et comme le commerce se fait directement ou indirectement par voie d'échanges, la partie qui souffre en France viendrait en aide à la partie qui souffre en Belgique, et réciproquement.

PRODUITS MINÉRAUX.

Le fer et le charbon constituent une industrie qui a pris en Belgique un développement très-étendu, par rapport à la population de ce pays, et c'est particulièrement cette catégorie de produits qui a fait naître en France la vive opposition qui s'est révélée l'été dernier. Ainsi que nous le disions plus haut, nos maîtres de forges et nos constructeurs exagèrent les dangers de l'Union.

Pour les uns, la différence en moins qui existe aujourd'hui entre le prix de la tonne de fer belge et le prix de la tonne de fer en France, n'affectera pas ces derniers de toute son importance, car il est hors de doute que si les fers belges obtenaient le moindre débouché, leurs prix s'élèveraient de suite.

Pour les chefs d'ateliers de construction, l'avantage d'obtenir le fer et le charbon à un prix moins élevé, compensera toujours les pertes que pourrait leur causer la concurrence belge.

D'ailleurs le Gouvernement n'a-t-il pas depuis long-temps les yeux fixés sur l'industrie des fers, et, en toutes circonstances, ne lui a-t-il pas donné des gages de sa sollicitude et de sa haute protection ? Dans le traité à intervenir, dont la durée devra être illimitée, le Gouvernement saura ménager des moyens de transition pour amener l'équilibre entre les prix belges et les prix français.

Quant aux extractions de charbons, la différence qui existe entre les prix belges et les prix français peut-être nivelée sans le moindre inconvénient. Les extracteurs français auront toujours l'avantage d'être plus rapprochés du consommateur, et cette faveur leur suffit pour soutenir toute concurrence avec la Belgique ; telle est notre conviction.

Si l'on considère que, pendant un quart de siècle, la Belgique était sous la domination française ; qu'aujourd'hui encore elle parle la même langue; elle a les mêmes lois, les mêmes poids et mesures, et enfin le même système monétaire, s'étonnera-t-on que la France commerciale et industrielle, par l'organe de la presse et de ses Chambres de Commerce, ait accueilli, avec tant d'intérêt, la conception de rompre la dernière barrière qui nous sépare encore d'un pays qui a toutes nos sympathies.

La paix dont jouissent depuis long-temps les nations européennes a imprimée une marche rapide à la civilisation ; les relations de peuple à peuple sont devenues de plus en plus fréquentes; aujourd'hui elles sont un besoin indispensable. Avec tous ses avantages, la paix resterait un bienfait inachevé et incomplet, si elle devait laisser éternellement les nations dans l'isolement sous le rapport des relations commerciales ; la paix, c'est la civilisation, et la paix et la civilisation iront plus loin.

D'après les considérations qui précèdent, nous venons vous prier, Monsieur le Ministre, de faire tous vos efforts pour que les négociations relatives à l'Union Douanière Franco-Belge, soient les plus prochaines et menées à bonne fin.

Nous sommes, etc.

Pour copie conforme :

Le Président, HURTREL-LETOMBE

Arras, le 14 janvier 1843.

N° 9.

CHAMBRE DE COMMERCE DE METZ.

UNION DOUANIÈRE.

Délibération du 1er avril 1843.

La Chambre de Commerce de Metz ayant reçu, dans sa séance du 29 novembre 1842, plusieurs communications relatives au projet d'Union Douanière avec la Belgique, saisie de nouveau de cette question, et voulant s'éclairer sur l'opinion du Commerce et de l'industrie du département à ce sujet, a provoqué, par lettres circulaires, une enquête spéciale.

A 300 lettres expédiées, 123 réponses étant venues, l'enquête a été close le 1er février dernier.

La Chambre, après le dépouillement des vœux exprimés dans ces lettres, a pris la délibération qui suit :

Considérant :

1° Qu'à la date du 10 décembre 1841 sa délibération, pour servir d'instruction à son délégué près des conseils du Commerce et des manufactures, exprime le vœu que la faveur accordée aux maîtres de forges soit maintenue jusqu'à une époque fixe, passée laquelle ils ne seraient plus admis à en réclamer le maintien ;

2° Qu'à la date du 4 novembre 1842, sur l'invitation de MM. les maîtres de forges réclamant contre le projet d'Union Douanière, et demandant dans ce but l'appui de la Chambre de Commerce, il a été répondu par une délibération qui s'en réfère à celle du 10 décembre 1841, en y ajoutant que la Chambre de Commerce n'entend pas se prononcer contre l'Union Douanière avec la Belgique, Union qui paraît conforme aux vœux de la majorité des commerçants et des industriels du département de la Mozelle;

3° Que les réponses provoquées par l'enquête ont donné un caractère de certitude à ce qui n'était encore que présomption de la part de la Chambre touchant l'opinion du pays.

Attendu que sur cette question ainsi posée : le projet d'Union Douanière est-il favorable à votre intérêt particulier?

70 réponses sur 123 ont été pour l'affirmative;

43 seulement, pour la négative;

10 s'étant montrées indifférentes.

Attendu que sur cette seconde question : ce projet est-il, selon vous, favorable à l'intérêt général du pays? Il s'est trouvé un plus grand nombre de réponses affirmatives, 77 contre 39 réponses négatives, 7 étant restées neutres. L'intérêt particulier de quelques industriels, s'effaçant ainsi devant l'intérêt général pour rendre hommage à ce qui leur paraissait être la vérité;

4° Que si parmi les 43 opinions qui repoussent l'Union Douanière et qui représentent les intérêts dont suit la liste : 1° les forges, la tannerie; 2° la verrerie; 3° la faïencerie et la poterie; 4° les fils de fer et les pointes de Paris; 5° la coutellerie; 6° la chamoiserie; 7° les fabriques de draps, flanelles et couvertures; 8° le Commerce des fers; 9° le roulage;

Que si parmi ces intérêts se rencontrent des industries importantes qui auront à souffrir de l'Union; que si les conditions de travail où elles sont placées deviennent moins avantageuses, on ne peut néanmoins admettre que l'Union sera pour ces industries un coup mortel;

5° Qu'aux maîtres de forges qui opposent à l'Union : 1° la perte d'un capital industriel considérable; 2° la réduction de la valeur du capital foncier des forêts; 3° la réduction des sommes dépensées annuellement en frais de transports et salaires d'ouvriers;

On répond : que la plupart des établissements de forges ayant long-temps joui d'une haute protection et d'une grande prospérité, ont pu, par l'amortissement, pourvoir aux chances de l'avenir; que quelques établissements, seulement achetés ou montés tardivement, pourraient être sensiblement affectés par une perte de leurs capitaux industriels; que ces établissements se sont volontairement exposés à cette chance en se créant sous l'influence d'une surélévation de prix, et lorsque, déjà depuis long-temps, de vives réclamations étaient autant d'avertissements que le régime qui favorisait les forges ne pouvait se soutenir au détriment d'autres intérêts industriels ou commerciaux en souffrance et aux dépens de la consommation à laquelle on imposait des fers d'un prix trop élevé;

Que si la réduction sur la valeur des forêts s'opère par suite d'une moindre consommation de bois dans les forges, cette réduction sera, pour le pays, un bienfait dont les propriétaires de forêts n'auront pas le droit de se plaindre, attendu que l'augmentation, sur ces valeurs, a été pour eux un bénéfice gratuit; que si les frais de transport subissent une réduction, ce serait, en tous cas, une conséquence inévitable de l'amélioration des moyens de circulation par canaux ou chemins de fer; que les maîtres de forges eux-mêmes appellent de leurs vœux cet état nouveau qui leur promet une grande diminution dans leurs frais d'exploitation, en même temps qu'une extension considérable du rayon de vente de leurs marchandises;

6° Qu'aux tanneurs qui soutiennent que leur industrie périra par la raison que les belges peuvent produire, à meilleur marché, des marchandises de meilleure qualité, on fait cette réponse : D'abord que les tanneurs de la ville de Metz, loin d'être contraires à la réunion, la réclament; que la consommation des cuirs est d'une telle importance, tant pour les usages domestiques que pour les usages industriels, qu'il est impossible d'admettre, comme raison valable, celle qui s'appuie sur la supériorité de qualité des cuirs belges ; que si ces cuirs sont, en effet, supérieurs en qualité, ce serait au contraire un motif pour en faire jouir les consommateurs français dont l'immense majorité a essentiellement besoin de cuirs de bonne qualité et à bon marché ;

Que d'ailleurs il est difficile de croire à l'impossibilité où, selon le dire de quelques-uns, se trouverait la tannerie française de produire des cuirs de bonne qualité à bas prix, lorsqu'on voit sur le tableau du commerce de la France, qu'il se vend à l'étranger annuellement pour sept à huit millions de peaux tannées ; qu'en présence d'un pareil fait il est permis de penser que l'étranger, libre de choisir le marché qui lui convient, ne s'adresse à la France que parcequ'il y trouve un avantage de prix et de qualité; que la supériorité de la tannerie française peut encore se déduire de cet autre fait puisé à la même source : dans l'état actuel, la Belgique ne fournit aucune peau préparée à notre consommation, tandis que la France en fournit à la Belgique pour une valeur annuelle de 260,000 francs annuellement.

7° Qu'à la verrerie, à la poterie, à la faïencerie, on objecte que leurs craintes ne paraissent pas fondées, car des industries qui exportent annuellement pour 16 à 17 millions de leurs produits, ainsi que cela est officiellement constaté, n'ont pas exclusivement besoin du marché national. Qu'il est d'ailleurs remarquable que la Belgique elle-même a pris en 1841 pour 270,000 fr. de verres et cristaux en France. Ce qui prouve suffisamment que nos verreries ne peuvent redouter la concurrence Belge, puisque malgré la gêne commerciale actuelle la Belgique préfère quelques-uns de leurs produits à ceux qu'elle même fabrique ;

8° Au roulage: que, par des considérations présentées de part et d'autre, il adopte et combat le projet d'Union, et que laissant ainsi la question indécise, il demeure sans force pour détruire le vœu de la majorité favorable à l'Union.

Qu'il en est de même pour les fabriques de draps, flanelles et couvertures et pour le commerce des fers:

Que les fabriques d'acier et de pelleteries se sont montrées indifférentes à la question.

Que si la banque n'a manifesté son opinion qu'avec réserve, il n'en est pas moins évident qu'elle s'est montrée favorable à un progrès vers la facilité des relations commerciales entre les peuples, notamment par le vœu exprimé par un des banquiers, qu'un traité unisse nos intérêts à ceux de l'Allemagne;

9° Considérant qu'aux industries votant contre l'Union viennent s'opposer les vœux affirmatifs des intérêts industriels et commerciaux dont suit la liste:

1° L'amidonnerie, 2° la bonnetterie, 3° la brasserie, 4° les fabriques de brosses, 5° les fabriques de cannes, 6° la chapellerie, 7° la chaudronnerie, 8° les fabriques de cire, 9° la confiserie, 10° la corderie, 11° les filatures de coton, 12° les fabriques de crin, 13° les fonderies, 14° l'imprimerie, 15° les fabriques de lampes, 16° les papeteries, 17° les fabriques de papiers peints, 18° la passementerie, 19° la peinture sur verre, 20° la quincaillerie, 21° les salines, 22° la sellerie, 23° les fabriques de sucre, 24° les fabriques de velours et de peluches, 25° les fabriques de vermicelles et pâtes, 26° l'épicerie, 27° le commerce des graines et arbres, 28° la mercerie et la rubannerie 29° le commerce d'étoffes, soieries et nouveautés, 30° le commerce des toiles et tissus divers, 31° le commerce des vins.

10° Que si aucune de ces industries prises isolément ne peut mettre en parallèle son importance avec celle de quelques industries opposantes, il n'en est pas moins vrai que le groupe d'intérêts commerciaux et industriels, joint à l'intérêt de la masse des consommateurs, forme, tant numériquement par les individus intéressés, que par la somme des intérêts réunis, l'immense majorité des intérêts du pays;

11° Que les intérêts contraires à l'Union ont long-temps profité de la division des pays; que les intérêts qui réclament l'Union ont long-temps souffert des gênes commerciales apportées à nos relations extérieures;

12° Considérant qu'il est d'expérience que les peuples se sont appauvris en s'isolant, et enrichis en étendant leurs relations;

Que les pays les moins favorisés par la nature, tels que la Hollande, la Saxe, la Suisse sont parvenus à un haut degré de prospérité, sous l'empire d'une liberté commerciale presque illimitée; que les pays les plus favorisés (par exemple l'Espagne) ont perdu le bénéfice des dons de la nature par le système d'isolement. Que la destruction des barrières intérieures en France, sous l'ancien régime, a été un véritable bienfait pour le pays ; que l'agrandissement du territoire français sous l'empire, permettant, de Hambourg à Rome, la circulation des marchandises, équivalant à une liberté commerciale très-étendue, avait imprimé une forte impulsion à nos manufactures, et mis de l'aisance dans la masse de la population;

13° Considérant que l'objection tirée de l'inconvénient d'envoyer de l'argent français à l'étranger a perdu beaucoup de sa force à mesure qu'une connaissance plus approfondie des faits a permis d'apprécier avec justesse le jeu de la circulation des valeurs ;

Que l'argent, considéré comme valeur, se rend toujours là où il obtient le plus haut prix ; et, par conséquent, le plus utilement s'employer ; qu'il est à la connaissance de tous que l'immense émission d'écus faite au profit des étrangers, par suite des malheurs de la double invasion, n'a point appauvri la France de numéraire ; que quelques années plus tard, un des ministres de la restauration avait pu dire dans un discours officiel : *que la France produisait trop ;* que le numéraire était même devenu si abondant, sous la restauration, que le Gouvernement avait pu concevoir la pensée sérieuse d'offrir le remboursement de la dette publique à ceux des créanciers qui ne consentiraient point à la conversion de leur titre en un titre moins onéreux pour l'Etat ;

Qu'il est démontré que si le retour des espèces ne s'établit pas directement, il ne s'en opère pas moins par des échanges indirects ;

Ainsi, que dans les cinq années 1836, 1837, 1838, 1839, 1840, l'ensemble des importations du Commerce spécial, dont l'objet est d'alimenter la consommation intérieure, s'est élevé à trois milliards cent quatre-vingt-huit millions; que, pendant les mêmes années, l'ensemble des exportations du Commerce spécial, dont l'objet est la vente des produits français, s'est élevé à trois milliards cent soixante-quinze millions ; différence en moins dans les exportations de France, treize millions seulement en cinq années, c'est-à-dire deux millions six cent mille francs par an, ce qui constitue, en réalité, l'égalité dans les transactions réciproques, entre la France et les différents pays avec lesquels elle trafique ; que la faible différence remarquée n'existerait pas probablement, si l'administration avait pu constater toutes les transactions, ou si elle avait estimé nos produits à la valeur qu'ils ont aux yeux de ceux qui les achètent ;

Que cette égalité dans la valeur des produits échangés s'est établie nonobstant les différences considérables qu'ont présentées quelques pays dans l'échange de leurs produits avec les nôtres ; tels, par exemple, que les états sardes, à qui nous achetons en moyenne pour soixante neuf millions et demi par an, et à qui nous vendons pour trente-quatre millions, différence trente-cinq millions; l'Espagne à qui nous vendons pour cinquante-sept millions et demi et à qui nous achetons pour vingt-neuf millions, différence vingt-huit millions et demi.

La Russie à qui nous achetons pour vingt deux millions et à qui nous vendons pour onze millions, différence onze millions. Le Brézil à qui nous vendons pour quatorze millions et demi et à qui nous achetons pour six millions, différence huit millions et demi.

L'Angleterre à qui nous achetons pour cinquante-sept millions par an et à qui nous vendons pour quatre-vingt-huit millions, différence trente et un millions;

14° Considérant que ces inégalités partielles n'empêchent point l'équilibre de se rétablir sur l'ensemble des transactions avec les pays divers;

Que touchant la Belgique en particulier, s'il est vrai que nous lui achetions en moyenne annuellement pour soixante-quinze millions de francs et ne lui vendions que pour quarante-quatre millions, différence trente et un millions, cette différence ne constitue pas une inégalité désavantageuse à la France; que cette différence démontre plutôt que puisque quatre millions de Belges nous achètent pour quarante millions de nos produits, il faudrait, pour que l'égalité proportionnelle fût rétablie, que les trente-trois millions de Français achetassent aux Belges pour trois cent trente millions de leurs produits; que si les Français n'en achètent que pour soixante-quinze millions, c'est dans une proportion quatre fois et demi moindre environ par rapport aux Belges; que, pour suivre cette proportion, les Belges ne devraient nous acheter que pour neuf à dix millions de nos marchandises;

Qu'il devient donc évident, puisque les Belges nous achètent pour quarante millions, que nos relations commerciales avec cette nation voisine nous offre de grands avantages, et que multiplier nos relations sera multiplier nos avantages:

15° Considérant qu'il est de notoriété que la situation commerciale de la France exige impérieusement que de nouveaux débouchés soient ouverts à son industrie; que de toutes les nations commerçantes, la France est celle qui a fait le moins de progrès dans la voie des exportations; que s'il est vrai que de 1828 à 1841, dans une période de 14 années, les exportations françaises se sont accrues de 33 p. 100, il est à remarquer que de 1828 à 1835, dans une période de huit années seulement, les exportations anglaises se sont accrues de 29 p. 100, et celles des Etats-Unis d'Amérique de 90 p. 100;

Qu'en ce qui concerne le Commerce général du département de la Mozelle, il est constant qu'il est dans une période de décroissance et que tout changement de situation ne peut que lui être favorable ; que le mouvement commercial de la ville de Metz en particulier est sensiblement affecté du statu quo, et s'amoindrit d'année en année ; que de nouvelles relations, soit avec la Belgique, soit avec l'Allemagne, sont nécessaires à son existence ;

16° Considérant, enfin, que, dans l'expression de leurs vœux, les commerçants et industriels consultés, ne demandent pas une brusque abolition du régime de protection actuel, mais un progrès annuel qui conduise, avec le moins de froissement possible, à l'égard des industries protégées, vers l'Union Douanière de la France avec la Belgique ;

La Chambre de Commerce reconnaît que l'intérêt de la majorité des commerçants et industriels du département de la Mozelle, réclame l'Union Douanière avec la Belgique ; que cet intérêt est conforme à ce que dicte la raison, l'expérience des temps, à ce que prescrivent les intérêts politiques de la France.

La Chambre de Commerce émet le vœu que l'Union Douanière avec la Belgique soit prise en grande considération par le Gouvernement, et que cette Union s'opère par une réduction annuelle et progressive des droits protecteurs, et finalement par une législation douanière uniforme pour les deux pays.

Les membres de la Chambre de Commerce de Metz,

MM. Le Monnier, *Président* ; Gabriel Gautier ; Collignon ; Goerg-Leinen ; E. Bouchotte ; Auget-Chédeaux ; Collignon-Juin.

N° 10

Circulaire *du Comité Central pour la défense du Travail national.*

Paris, le 14 Novembre 1842.

Monsieur,

Vous avez été informé qu'un grand nombre d'industriels, s'étaient réunis à Paris, le 5 novembre courant, à l'effet d'examiner quels seraient, pour l'industrie nationale, les résultats de l'union commerciale entre la France et la Belgique.

Nous avons l'honneur de vous transmettre la lettre que cette réunion a adressé à MM. les Ministres ; vous y verrez que la question vous intéresse sous plus d'un rapport.

L'assemblée, avant de se séparer, nous a délégués pour continuer l'œuvre commencée et pour veiller à ce qu'aucune atteinte ne fût portée au travail national, source de prospérité pour tous.

Nous venons, en conséquence, solliciter votre concours.

Dans notre conviction intime, les intérêts de nos ports de mer et de notre marine marchande se lient étroitement à ceux que nous avions mission de représenter. La production intérieure des manufactures, l'activité des fabriques, loin d'être un obstacle, ainsi que quelques personnes semblent le croire, au développement de l'industrie maritime, sont, au contraire, pour elles les plus sûrs éléments de prospérité. Quand les usines travaillent, elles ont besoin d'une grande masse de matières premières. Qui est chargé d'aller chercher ces matières? La marine marchande. Et comment en solde-t-elle le prix aux pays qui les vendent? En exportant les produits agricoles ou ceux dont le travail national a décuplé la valeur. Intermédiaire obligé entre les producteurs et les consommateurs des contrées les plus lointaines, le Commerce maritime trouve dans ce mouvement incessant d'échange un fret abondant et assuré; ses voyages au long-cours forment des matelots, accroissent les ressources de l'inscription, et par là préparent à l'Etat lui-même une pépinière d'hommes de mer qui lui permettent de renouveler le personnel de la flotte, d'étendre ses stations, et de porter jusque dans les parages les plus éloignés, cette protection et cette sécurité dont le Commerce maritime a un si grand besoin.

Supposez, au contraire, que le travail intérieur soit arrêté, que la production languisse par suite d'un changement inopportun dans les lois qui régissent et protégent l'industrie; dès ce moment, tout s'arrête et languit également; les matières premières ne trouvent plus d'emploi, les forces actives du pays s'engourdissent, toutes les consommations diminuent, les rapports avec les marchés étrangers s'affaiblissent et s'éteignent; partout le malaise, la misère succèdent au bien-être. Ceci n'est point une théorie faite à plaisir; l'expérience a déja fourni de mémorables exemples. Ne lisait-on pas ces jours derniers dans les feuilles de Londres que, par suite des embarras manufacturiers de l'Angleterre, la valeur de la marine britannique était tombée presque subitement de 5 pour cent (1).

(1) *Le Sun* du 12 novembre s'exprime ainsi :

« La valeur de la marine marchande a beaucoup baissé; les bâtiments mar-

Ainsi tout se tient dans l'organisation matérielle d'un grand pays. C'est du cœur que la vie se répand aux extrémités ; c'est de nos centres de travail que part l'impulsion qui met en mouvement le Commerce maritime.

La navigation est elle-même un travail national qui a droit à la protection du Gouvernement, et qui souvent a besoin d'être vivement appuyée dans ses réclamations. Cet appui, elle le trouvera chez les représentants de l'industrie, le jour où elle s'associera franchement à l'œuvre que nous poursuivons. Si les intérêts de nos ports étaient discutés dans le même esprit et en même temps que ceux de nos manufactures, si l'investigation était portée, soit sur les moyens d'utiliser d'une manière plus exclusive notre marine, soit sur les moyens d'étendre son action, ne résulterait-il pas de cette recherche faite en commun quelque chose d'utile à tous et d'efficace ? Cela ne vaudrait-il pas mieux que des démarches isolées, sans liaison, sans ensemble et la plupart du temps sans fruit ?

Nous en sommes profondément convaincus pour notre part. C'est à vous, Monsieur, si vous adoptez notre conviction, de la faire partager à vos collègues. Les intérêts que nous représentons seront heureux d'entrer en communication suivie avec les vôtres, de donner et de recevoir un concours qui ne saurait tourner qu'au profit de tout le monde.

Confiante en nos intentions, l'Agriculture nous a offert son adhésion, par l'organe de quelques-uns de ses membres les plus distingués, et ces nouveaux défenseurs d'une cause éminemment française ont pris place dans nos commissions.

Notre action, d'ailleurs, ne saurait être hostile au pouvoir. Recueillir des renseignements exacts sur l'état de nos industries, de notre agriculture et du commerce de nos ports, exposer les besoins

chands, construits à Witby et à New-Castle, ont fléchi de 3 livres par tonneau depuis 8 mois, et les navires construits dans nos provinces d'Amérique ont été vendus à 4 et 6 livres sterlings par tonneau moins cher qu'ils n'avaient coûté. La marine marchande qui, il y a 8 mois, était évaluée à 28,600,000 liv. st., n'est pas estimée aujourd'hui plus de 11,440,000 liv. st.

» Tous les ports du monde sont encombrés de bâtiments cherchant du fret à des taux réduits. La ruine qui s'est montrée d'abord dans nos districts manufacturiers, gagne notre marine et notre agriculture, et tous les intérêts de l'Etat sont en souffrance. »

de ces diverses branches de la production, communiquer nos travaux au Ministre du Commerce d'abord, puis au public qui a droit de les connaître, n'avoir en vue que l'intérêt général du pays, voilà la mission à laquelle nous vous invitons à prendre une part active, ainsi que l'ont déjà fait les délégués de Dunkerque et du Havre, que l'industrie manufacturière a vu avec plaisir joindre leurs efforts aux siens en cette grave circonstance.

Agréez, etc.

Le Président, A. Mimerel. *Le Vice-Président,* Barbès.

Les Secrétaires, Baudoing. — E. Feray.

N° 11.

CHAMBRE DE COMMERCE DU HAVRE.

A Messieurs les Président, Vice-Président et Secrétaire de la Réunion Industrielle, à Paris.

Havre, 10 décembre 1842.

Messieurs,

Nous avons reçu, il y a peu de jours seulement, la circulaire que vous nous avez fait l'honneur de nous adresser, en date du 14 novembre. Les exemplaires de la lettre de la Réunion dont vous êtes les organes, à MM. les Ministres, nous étaient parvenus dès le 20 novembre.

Nous n'avons pas, en ce moment, à entrer en aucun développement sur les considérations que vous avez présentées dans ces deux écrits; mais nous devons vous témoigner notre vive surprise d'avoir vu dans votre circulaire, à laquelle vous avez cru devoir donner de la publicité, la mention du concours d'un délégué du Havre à la réunion du 5 novembre; et notre étonnement a dû être d'autant plus grand, que M. Mermilliod a été informé directement, par notre président, que nous nous abstiendrions d'envoyer un représentant à cette réunion.

Nous savons que notre honorable député, M. Mermilliod, qui d'ailleurs a été informé de notre détermination, avait déclaré d'avance qu'il ne s'y rendrait pas. Nous ignorons, dès-lors, de qui le délégué dont vous nous annoncez le concours, a reçu sa mission, et à quel titre il a pu se faire admettre dans votre assemblée; et nous espérons que vous ne refuserez pas de nous faire connaître le nom de la personne qui a ainsi assumé, sans aucun droit, la qualité de délégué du Havre.

Nous adressons une copie de la présente aux deux journaux qui se publient dans notre ville.

Nous avons l'honneur, etc.

(Suivent les signatures).

N° 12.

Toutes les Chambres de Commerce et les villes manufacturières ne sont pas hostiles au projet d'union commerciale avec la Belgique. La Chambre de Rheims s'est prononcée en faveur du traité, et les commerçants et industriels de cette ville qui se sont réunis le 2 novembre, ont reconnu, à la presque unanimité, que le projet serait avantageux au Commerce, à l'Industrie et à l'Agriculture de la France.

L'assemblée a décidé que des délégués seraient envoyés à Paris, afin de présenter une lettre au Ministre du Commerce. Les délégués nommés sont : MM. Houzeau, Croutelle, Maille-Leblanc, Adolphe David.

Dans cette lettre, l'assemblée déclare que la fabrique de Rheims n'a rien à craindre directement de la concurrence des fabriques belges, et qu'elle n'a rien non plus à en redouter indirectement, attendu que l'Union projetée ne peut entraîner la ruine des fabriques françaises rivales de celles de Rheims.

Les soussignés de la lettre, en terminant, sont d'avis que l'Union Douanière de la France, accompagnée de mesures transitoires et réalisées avec tous les ménagements que commande l'intérêt de certaines industries, doit accroître le mouvement commercial au profit des consommateurs et des producteurs, même de ceux qui se croient le plus menacés, tandis qu'une rupture complète des relations commerciales entre la Belgique et la France, causée par l'accession de la première à l'association des douanes allemandes, aurait, à coup sûr, pour tous les intérêts français, des conséquences bien autrement fâcheuses, que celles que les villes manufacturières prétendent devoir résulter d'une Union Douanière entre les deux pays.

(*Extrait des journaux du mois d'Octobre* 1842).

N° 13.

A Monsieur le Ministre Secrétaire d'État de l'Agriculture et du Commerce.

« Boulogne-sur-Mer, le 9 octobre 1845.

« Monsieur le Ministre,

» Représentants d'un ressort dans lequel l'industrie de la filature du lin a pris une grande extension, nous avons l'honneur de vous exprimer notre opinion sur le renouvellement de la convention de commerce conclue avec la Belgique, le 16 juillet 1842, qui se négocie en ce moment.

» Notre opinion n'est pas favorable au renouvellement de cette convention.

» Nous la critiquons moins au point de vue de l'influence qu'elle peut avoir exercée sur les développements de notre industrie linière, que dans ses rapports avec les principes généraux qui nous paraissent devoir dominer notre législation de douane.

» En cette matière, nous ne comprenons pas les exceptions et les priviléges; il est peut-être sans exemple qu'ils aient abouti aux résultats que l'on en espérait. En ce qui concerne la Belgique spécialement, nous ne voyons pas que l'avantage que lui a concédé le traité du 16 juillet, ait accru d'une manière sensible l'exportation des articles de provenances françaises, que l'on avait en vue de servir; et, d'un autre côté, la situation politique a bientôt contraint ce pays à faire à l'Allemagne des avantages égaux aux nôtres, et à donner le spectacle d'une violation précipitée de la foi jurée.

» Le rôle de la France dans cette convention a été tel, que sa dignité en a souffert : il ne convient pas qu'elle se prête une seconde fois à ce qu'on la joue.

» Mais ces considérations ne sont encore que secondaires. Ce qui détermine en nous une conviction contraire au renouvellement du traité, c'est, d'une part, son injustice à l'égard des nations non favorisées et les représailles qui en sont la conséquence; c'est, de l'autre, la profonde iniquité qui se découvre au fond de tout système qui consiste à sacrifier certaines industries à la prospérité de certaines autres; en d'autres termes, à organiser au sein d'une nation la guerre civile des intérêts.

» Pourquoi les toiles de coton imprimées, les vins, les soieries vivraient-ils en France aux dépens de la filature, et, par suite, de la culture du lin et du chanvre?

» Si cette dernière industrie est admirablement appropriée au génie comme aux habitudes, comme au sol et au climat de notre pays ; si la transformation qu'elle subit par l'application de la mécanique, loin de lui ôter ses droits à une juste protection, doit la lui assurer plus ferme et plus constante, au contraire, puisqu'il s'agit de donner du travail à ces multitudes qui ne vivaient que du filage au rouet, on ne voit certes pas au nom de quels principes ni de quels intérêts légitimes on lui préférerait arbitrairement des industries d'un autre ordre.

» Nous sommes loin de demander pour elle une protection exagérée, car nous ne savons rien de plus funeste à l'industrie protégée, et nous serions les adversaires de toute élévation actuelle du tarif. Nous ne demandons à son profit que l'égalité et le droit de n'être pas réduit à n'être que l'enjeu des traités avec nos voisins.

» On peut objecter que la suspension du traité belge équivaut à une réduction de tarif, et que, puisque l'industrie linière vit et prospère sous l'influence du tarif actuel, elle est désintéressée dans la question du renouvellement.

» En fait, ce serait une erreur. Il est bien vrai que la filature du lin prospère sous le tarif actuel, en ce sens que beaucoup de filatures nouvelles s'élèvent et que presque toutes celles qui sont établies depuis quelques années accroissent leurs moyens de production; mais dans ce mouvement il faut faire très-grande la part de l'engoûment; il faut faire très-grande surtout la part de la brève durée du traité belge et de la persuasion générale qu'il ne serait pas renouvelé.

» Personne, en effet, n'a pu oublier ni l'énergique censure qui en a été faite par la commission de la chambre des députés, ni la fâcheuse impression qui fut ressentie par tous les esprits en France, alors qu'au lendemain à peine de ce traité, la Belgique se hâta de le violer moralement.

» Mais autre chose serait la situation transitoire actuelle, autre chose la situation régulière et stable qui naîtrait du renouvellement. Ce serait créer en effet à la Belgique une sorte de droit acquis, lui donner en l'avenir une confiance absolue. La conséquence serait la création de nombreuses filatures à nos portes et un accroissement considérable de production.

» Il ne nous est pas démontré que notre filature, à peine à sa naissance, résisterait à cette crise.

» Ainsi, dans le renouvellement du traité, pas un seul avantage réel; et dans tous les sens, des inconvénients! A l'étranger, mécontentement des nations non favorisées; chez nous, prédominance du détestable principe du sacrifice de certaines industries à la prospérité des autres, quand le devoir du Gouvernement est de les faire vivre toutes d'une vie large et féconde, sous le stimulant sagement gradué de la concurrence de l'étranger; enfin, chance de jeter une industrie qui s'essaie dans une crise nouvelle dont elle ne se relèverait pas.

» Nous exprimons donc, Monsieur le Ministre, le vœu formel que ce traité ne soit pas renouvelé. Notre chambre, vous le savez, est, en principe, hostile aux idées prohibitives, et n'admet comme utiles que les seuls droits compensateurs; vous serez donc aisément convaincu que ce n'est pas légèrement, ou par une complaisante faiblesse, qu'elle se prononce ainsi.

» Veuillez agréer, Monsieur le Ministre, l'hommage de nos respects.

» Signé : *Les membres de la Chambre de Commerce.*

» Pour copie conforme :

» *Le Secrétaire membre de la Chambre de Commerce de Boulogne-sur-Mer,*

DEMARLE »

N° 14.

LETTRE DES NÉGOCIANTS DU MANS.

De l'Industrie linière considérée dans ses rapports avec le traité de la Belgique du 16 juillet.

L'industrie linière est, en France, dans un état de malaise qui ne doit pas surprendre, après le bouleversement général produit par les progrès immenses des filatures et du tissage à la mécanique.

Il importe d'étudier cette question sous toutes ses faces, dans son état ancien, dans son état présent et dans son avenir.

État ancien.

Anciennement, les lins et les toiles se préparaient d'après les mêmes procédés; chaque pays en produisait pour les besoins de son industrie, qui étaient à peu-près proportionnés aux besoins de la consommation; une mauvaise récolte de lin ou de chanvre produisait une augmentation certaine sur la toile.

Quelques genres de toiles, celle de Bretagne et de Laval, se fabriquaient presqu'exclusivement pour l'exportation. Lorsque la Belgique fut réunie à la France, elle prit sa part des exportations et de la consommation française. La grande production du lin dans ce pays, l'habileté de ses tisserands et le bas prix de la main-d'œuvre vinrent en aide au commerce français, qui se développa avec une prodigieuse activité dans ce genre de produits. Cette expérience du passé aura donc prouvé que l'industrie toilière en France a souffert toutes les fois que les toiles de Belgique ont été entravées dans la circulation, que cette même industrie s'est toujours soutenue sans désavantage, souvent même avec profit, aux époques de nos relations libres avec la Belgique.

La France avait ses blancs et ses apprêts justement réputés et appréciés, qui lui donnaient une supériorité et un grand avantage dans ce commerce; aussi a-t-il toujours prospéré tant que l'ancien état de choses a pu se maintenir.

Etat actuel.

Le perfectionnement des filatures de coton joint à une plus facile importation de la matière première, la baisse énorme sur les calicots qui en a été la conséquence, ont diminué notablement la consommation des toiles; dès-lors, l'industrie, après de grands efforts, a réussi à en diminuer le prix pour lutter avec les cotons; les procédés mécaniques appliqués au lin se sont développés avec une telle puissance, que dans peu d'années la production des fils est devenue pour ainsi dire illimitée; et de même il en est résulté une baisse énorme.

On s'est effrayé de ce progrès rapide, et sous l'influence de la peur, on s'est empressé d'y mettre un terme par une élévation nouvelle de droits dont les effets peuvent devenir les plus désastreux. Le renchérissement du prix des fils et des toiles en restreint infailliblement la consommation; toute mesure qui aurait ce résultat serait un pas rétrograde et agraverait promptement la fâcheuse position de cette belle industrie; au lieu de la protéger, ce serait en consommer la ruine.

Les Anglais se sont les premiers emparés de cette industrie mécanique; ils ont monté leurs établissements sur une échelle colossale. La France et la Belgique leur ont d'abord fourni leurs lins, mais bientôt la production de ces pays étant insuffisante pour leurs besoins, ils en ont tiré des masses de Russie et d'Egypte. L'Inde même commence à leur en fournir.

Dans cet état de choses, les filateurs anglais se sont créés de nouveaux débouchés; ils ont fait en France une irruption qui a découragé nos filateurs surtout et nos tisserands. Cette production anglaise, immense, a occasioné chez nos voisins d'outre-mer un encombrement et une crise dont le résultat a été cette dépréciation instantanée que nous signalions plus haut. Voilà ce qui a motivé les réclamations incessantes des filateurs français établis sans avoir l'expérience ni les capitaux nécessaires pour soutenir la rivalité anglaise.

Que faire pour remédier à ce fléau? De nouveaux droits d'entrée? des prohibitions ? Ces remèdes que l'on suppose dès l'abord les plus faciles et les plus certains, ne sont que des palliatifs qui peuvent compromettre le sort futur d'une industrie, en prolonger les souffrances, s'ils occasionent une augmentation sensible; ce sont des moyens très-dangereux qui doivent être employés avec beaucoup de réserve et de discernement.

Avenir.

L'impulsion étant donnée à la filature du lin et du chanvre et au tissage, la révolution complète se fera dans cette industrie comme dans celle du coton; aucune force humaine, aucune mesure ne pourront en arrêter la marche; il importe beaucoup de la diriger, pour arriver plus promptement et plus sûrement à ce but?

La culture du lin en France n'est pas aussi répandue qu'elle doit le devenir; le cultivateur obtient de cette récolte un bénéfice beaucoup trop considérable et trop hors de proportion avec les autres récoltes, pour que cette culture ne se généralise pas de plus en plus; et cela, malgré l'importation des lins étrangers, qui présenterait peu d'inconvénients dans l'état actuel; elle serait même un grand bienfait pour la filature et le tissage français, qu'elle soutiendrait jusqu'à ce que l'industrie linière eût atteint l'apogée de sa perfection et de son bon marché; alors les toiles de lin et de chanvre s'abaisseront aux prix des toiles de coton, relativement à leur qualité.

Avant que ce résultat soit obtenu, il y a bien des études à faire pour le filateur, le fabricant, le marchand et le consommateur; plus cette industrie rencontrera d'entraves dans les droits de douane, dans l'insouciance des cultivateurs, dans les moyens insuffisants des filateurs et des fabricants, et aussi dans l'expérience des consommateurs, plus ce but s'éloignera; mais enfin il sera atteint et il ne peut tarder de l'être. Ne désespérons pas de l'avenir.

Avantages d'un tarif de douanes moins restrictif et d'un traité de commerce avec la Belgique.

Les droits prétendus protecteurs suivant leur plus ou moins grande élévation, abusent tel pays ou telle branche d'industrie, les ruinent ou en paralysent pour long-temps les progrès réels.

Nous ne pouvons nous dissimuler que l'Angleterre est beaucoup plus avancée que nous; mais les filateurs français, rencontrant dès leur début une concurrence redoutable, ont consulté leur courage et leur patriotisme plus que leurs moyens, et il leur a fallu faire de grands sacrifices pour créer des usines qui pussent rivaliser avec les établissements anglais.

Le gouvernement, pour conserver l'industrie linière à la France, dans une position aussi critique, a cru devoir diminuer l'importation anglaise en frappant les fils et les toiles d'un droit transitoire qui pût encourager nos filateurs inexpérimentés; la conséquence de ce droit est, sur le prix des fils, une augmentation dont le filateur s'est flatté à tort devoir profiter; mais elle lui sera, en réalité, préjudiciable et bien plus encore au fabricant dont les toiles se vendront d'autant plus difficilement qu'il sera contraint d'en élever le prix.

La France ne produit pas la quantité de lin et de chanvre réclamée par sa consommation : il est donc nécessaire, pour favoriser nos filatures, de leur laisser la facilité de s'approvisionner de matières premières à l'étranger, avec autant de succès que le font les Anglais et les Belges.

La Belgique, notre alliée naturelle, est un pays essentiellement producteur de lin; cependant les filatures mécaniques y sont encore moins avancées qu'en France : dans l'intérêt de ces deux pays, les Belges, de même que les Français, comprendront-ils enfin qu'ils doivent s'unir, faciliter leurs échanges, se faire des concessions réciproques à l'aide desquelles ils parviendraient à ne plus redouter les habiles insulaires.

Si la libre importation des lins et des chanvres étrangers existe en Angleterre et en Belgique surtout, la suppression des mêmes droits devient rationnelle et indispensable en France, afin de placer les filateurs français dans des conditions pareilles.

Et, si le traité du 16 juillet établit sur les fils et les toiles de Belgique un droit moins fort que sur les mêmes produits manufacturés en Angleterre, ce serait une amélioration désirable que de le convertir en un droit temporaire qui s'établirait sur une échelle mobile et graduellement décroissante, pour faciliter, pendant un certain laps de temps, le perfectionnement de la filature et du tissage mécanique en France, et pour parvenir à niveler au plus vite nos prix avec ceux des autres pays.

Conclusions.

D'après ces considérations générales, nous croyons :

1° Que la loi du 6 mai 1841 sur les fils est suffisante pour protéger les filatures sans porter préjudice au tissage français, à la condition cependant que, dans le traité avec la Belgique, le tarif sur les toiles sera rectifié dans une proportion juste et rationnelle avec celui des fils, ce qui n'existait pas : omission très-grave, et qui avait déjà causé un grand préjudice aux tisseurs français depuis la promulgation de cette loi, quoiqu'elle soit récente;

2° Que le traité de commerce avec la Belgique favorisera plusieurs branches de l'industrie française, si la Belgique admet par réciprocité nos soieries, nos vins, nos articles de Paris, et la circulation de nos bateaux sur les rivières de Belgique, telle qu'elle existe pour ses bateliers nationaux.

Une condition essentielle du traité doit être que *les toiles et les fils anglais paieront à leur entrée en Belgique les mêmes droits qu'à leur entrée en France.*

Enfin, nous appelons l'attention du gouvernement sur la nécessité de réviser les droits qui frappent les fers belges et les houilles. Tant que sur des matières de première nécessité, il existera une différence de prix en faveur de la Belgique, nos industriels et nos filateurs recevront le contre-coup inévitable de cette concurrence, et, dans une position si défavorable, tous leurs efforts seraient impuissants ! Par la même raison, il est indispensable d'égaliser en Belgique et en France les droits d'entrée sur les lins et chanvres de provenance étrangère, si l'on ne juge pas convenable de les supprimer entièrement, ce qui serait le plus avantageux.

Résumé des conclusions.

C'est *l'immédiat rétablissement de l'équilibre entre les conditions des deux industries corrélatives, qui se trouvait rompu dans la loi du* 6 *mai* 1841, *que l'on demande à introduire dans le traité du* 16 *juillet avec la Belgique;* cette mesure d'équité empêchera nos tisseurs de souffrir plus long-temps d'une faveur spéciale accordée à la filature qui, elle-même, finirait par en souffrir; que l'on se hâte de réparer cette erreur reconnue dans le rapport qui précède l'ordonnance du 26 juin 1842, en ayant égard à la surtaxe de droit que le fil a subie l'année dernière, et dont alors, par une imprévoyance fatale, on n'a pas cru devoir sur-imposer les toiles dans la même proportion.

Cette réparation tardive s'obtiendra facilement par diverses combinaisons, soit en dégrevant les fils de Belgique, soit en établissant une légère surtaxe sur les toiles de même provenance.

Le Mans, 1er août 1842.

Ont signé : MM. M. Vétillart, de Pontlieue, ancien juge au tribunal de commerce et membre de la chambre de commerce; Fouqueret et comp. de Pontlieue; Ermenault, fabricant de toiles à Fresnay; Gouin, id.; Constant Goupille, id.; Gauthier-Cureau, négociant à Baumont (Sarthe); L. Bouttier, fabricant au Breil; Gauvin, id.; J.

Maillet, id.; F. Toury, id.; Guichard fils, fabricant à Montfort; Hertaux fils, id.; Paugoy, fabricant à St.-Mars-d'Outillé; Robert, id.; Cuillier-Chardron, fabricant à Ecommoy; Barré, fabricant à Parigné; Chalcrie, id.; Chevallier id.; Choplin, id.; A. Joubert, id.; Lahoreau, id.; Leconte, id.; F. Houdayer, fabricant à Chales; L. A. Houdayer, id.; L. Houdbert, fabricant à Sillé-le-Guillaume; Leveiller Mambfré, fabricant à S.-Mars-de-l'Ocquenay; Poupon, id.; Royau, id.; Butet, fabricant au Mans; Dunas, id.; Fouassier, id.; Letessier, id.; J. Letessier, id.; Chalot-Pasquier, juge au tribunal de commerce du Mans; Courcelle aîné, id.; A. Ducré, id.; Fourché, id. et membre de la chambre de commerce; Allard, Lavigerie et Demorieux, négociants au Mans; Beaury fils et Barreau, id.; Chelot-Tessier, id.; Clerc frères, id.; Cornilleau, Lefebvre et Chabrun, id.; Desgraviers, id.; L. Ferré, id.; Guiller fils et neveu. id.; V. Gasnier-Demède, id.; Ar. Hélix, id.; Ch. Hélix, id.; Jarossay fils, id.; Laîné-Galpin, id.; Lavallée, ancien juge au tribunal de commerce et négociant; Lebert, négociant; Lefaucheux, Valin et comp., id.; Maillebois et Bruneau, id.; Maslin aîné, ancien juge au tribunal de commerce, négociant; A. Ménard, id.; Moriceau père et fils, id.; Pelouas-Gosnard, id.; Perinelle-Deforge, ancien juge au tribunal de commerce, négociant; Vérité fils et Quentin, id.; Voisin, id.

Ont adhéré par correspondance : MM. Agin, fabricant à Fresnay; Berger-Deleinte, id.; Billon, père et fils, id.; Choisné, id.; Durand, id.; F. Geslin, id.; Pichereau, id.; Reveille, id.; Yvard, id.; Poirier, négociant à Mamer.

N° 15.

SITUATION DE LA FILATURE DU LIN EN FRANCE.

Boulogne-sur-Mer, le 25 septembre 1845.

Permettez-moi, Monsieur le Rédacteur, à titre de gérant d'une filature de lin qui file 5,000 kilogrammes par jour, et dans laquelle ma propre fortune et celle de plusieurs de mes amis se trouvent tout entières, de vous communiquer mon opinion personnelle sur la question importante que vous avez si bien traitée dans votre journal du 22.

Cette opinion est formelle. Il y a long-temps que, après bien des réflexions, je l'ai adoptée; et, depuis lors, tous les faits qui sont venus à ma connaissance l'ont fortifiée et confirmée. C'est par suite de cette conviction profonde que je me suis séparé de mes collègues, formés en comité à Paris, et que j'ai refusé, il y a dix-huit mois, de me joindre à eux pour demander une nouvelle augmentation des droits sur les fils et les toiles.

A mon avis, Monsieur le Rédacteur, la législation existante sur les fils et les toiles est sage et efficace. D'un côté, elle accorde une juste compensation des charges qui pèsent sur notre industrie par suite des droits dont sont frappés à l'entrée les lins, les étoupes, les métaux, les machines, les outils, le charbon, et enfin toutes les choses qui sont nécessaires à notre production; de l'autre, elle ne nous confère aucun privilége au détriment des consommateurs. C'est la position que devraient occuper toutes les industries; et je n'hésite pas à avancer que si on laisse cette législation fonctionner pendant quelques années, l'industrie linière sera plus forte, plus prospère, plus stable que l'industrie du coton, protégée par le privilége exorbitant de la prohibition, aussi funeste à ses propres intérêts qu'aux intérêts généraux du pays.

C'est avec raison, Monsieur le Rédacteur, que vous dites que l'industrie linière prend actuellement un grand développement. Sur tous les points de la France, de grandes filatures s'établissent, et presque toutes sur des bases solides, tandis que, parmi celles existantes, il en est bien peu qui ne prennent de l'extension. Mais c'est surtout à Lille et dans le département du Nord que cet heureux état de choses se manifeste le plus. On n'y voit, de toutes parts, que de nouvelles filatures en construction. Comment cela pourrait-il avoir lieu si la prospérité n'était pas réelle? Et si cette prospérité est incontestable, sur quelles raisons peut-on s'appuyer pour solliciter une augmentation de droits?

En résumé, je trouve la législation actuelle juste pour l'Angleterre, pour la Belgique et pour nous-mêmes. Il n'y aurait qu'un seul moyen de l'améliorer, ce serait de diminuer les droits qui pèsent sur les lins, les étoupes, les métaux, les machines, les outils et le charbon et de faire suivre cette mesure d'une réduction proportionnelle sur les droits à l'entrée des fils et des toiles. Alors, le travail national et le commerce seraient vivifiés ; les prix des toiles, si nécessaires à nos populations, diminueraient, et peut-être nous seraient-ils permis d'espérer que nous pourrions reprendre sur les marchés étrangers, pour les produits de l'industrie linière, la place que nous y occupions autrefois et que l'Angleterre nous a enlevée, non point par plus d'intelligence industrielle, mais par les effets d'une législation plus favorable à tous les intérêts.

Veuillez, Monsieur le Rédacteur, agréer l'expression de ma considération la plus distinguée.

A. D. BOSSON,

Filature de lin, établie à Boulogne-sur-Mer sous la raison sociale Hosswood, Bosson et Cᵉ.

TABLE DES MATIÈRES.

PIÈCES JUSTIFICATIVES.

FIN DE LA TABLE.

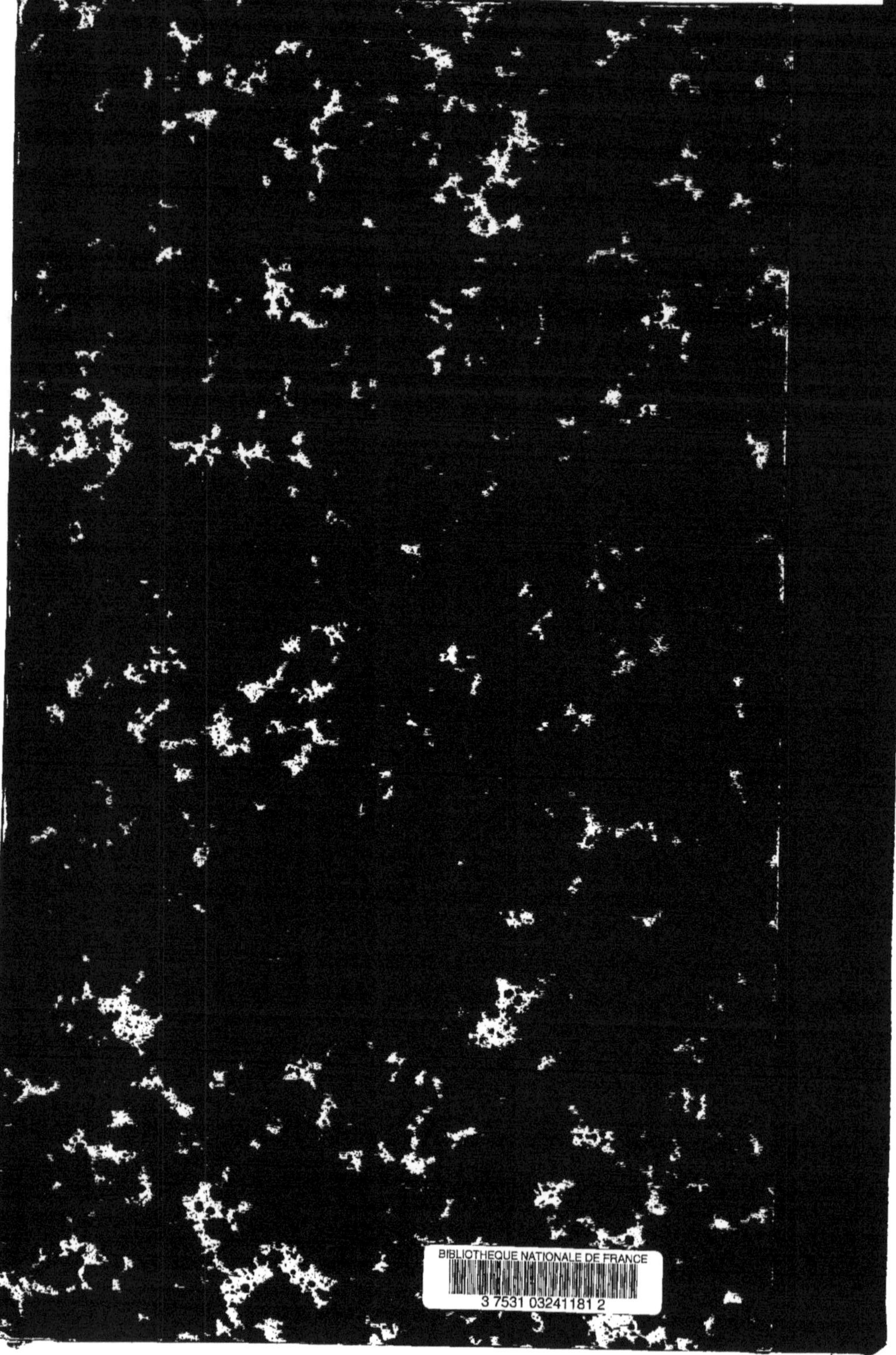
BIBLIOTHEQUE NATIONALE DE FRANCE
3 7531 03241181 2

www.ingramcontent.com/pod-product-compliance
Ingram Content Group UK Ltd.
Pitfield, Milton Keynes, MK11 3LW, UK
UKHW020955230726
13923UKWH00007B/394

9 782014 437393